THE AWESOME EGYPTIANS
BY TERRY DEARY, PETER HEPPLEWHITE

Text Copyright © Terry Deary and Peter Hepplewhite, 1993
Illustrations Copyright © Martin Brown, 1993
Translation Copyright © Gimm- Young Publishers, Inc., 1999
All rights reserved.

This Korean language edition is published by arrangement with
Scholastic Ltd., London through Eric Yang Agency, Seoul.

앗, 이렇게 재미있는 사회·역사가!

우릴 마중 나왔나 보!

이왕이면 이집트

테리 디어리·피터 헤플화이트 글 | 마틴 브라운 그림 | 이은선 옮김

주니어김영사

이왕이면 이집트

1판 1쇄 인쇄 | 1999. 9. 27.
개정 1판 1쇄 발행 | 2019. 12. 5.
개정 1판 3쇄 발행 | 2023. 2. 27.

테리 디어리 · 피터 헤플화이트 글 | 마틴 브라운 그림 | 이은선 옮김

발행처 김영사 | 발행인 고세규
등록번호 제 406-2003-036호 | 등록일자 1979. 5. 17.
주소 경기도 파주시 문발로 197(우10881)
전화 마케팅부 031-955-3100 | 편집부 031-955-3113~20 | 팩스 031-955-3111

값은 표지에 있습니다.
ISBN 978-89-349-9884-6 74080
ISBN 978-89-349-9797-9 (세트)

좋은 독자가 좋은 책을 만듭니다. 김영사는 독자 여러분의 의견에 항상 귀 기울이고 있습니다.
전자우편 book@gimmyoung.com | 홈페이지 www.gimmyoungjr.com

이 책의 한국어판 저작권은 EYA(Eric Yang Agency)를 통한 Scholastic Limited사와의 독점
계약으로 ㈜김영사에 있습니다.
저작권법에 의해 한국 내에서 보호를 받는 저작물이므로 무단전재와 무단복제를 금합니다.

이 도서의 국립중앙도서관 출판시도서목록(CIP)은 서지정보유통지원시스템
홈페이지(http://seoji.nl.go.kr)와 국가자료공동목록시스템(http://www.nl.go.kr/kolisnet)에서
이용하실 수 있습니다. (CIP제어번호 : CIP2019031957)

어린이제품 안전특별법에 의한 표시사항
제품명 도서 제조년월일 2023년 2월 27일 제조사명 김영사 주소 10881 경기도 파주시 문발로 197
전화번호 031-955-3100 제조국명 대한민국 ⚠주의 책 모서리에 찍히거나 책장에 베이지 않게 즈신하세요.

차례

책머리에 7
고대 이집트 3천 년의 역사 9
고대 이집트의 주요 사건 연표 10
파라오의 비밀 14
피라미드의 신비한 힘 27
피라미드는 어떻게 만들었을까? 40
사후의 삶을 꿈꾼 이집트 인 50
미라의 저주 68
간 큰 도굴꾼들 77
나일 강의 신비 92
이집트의 신들 98
고달픈 백성들의 삶 103
이집트 인의 일상 생활 115
이집트 이야기를 끝내며 132

책머리에

수학은 지긋지긋한 문제가 많고, 국어는 또 무슨 말이 그렇게 많은지! 국어도 제대로 못 하는데, 영어는 영 아니올시다지! 음악은 또 악 소리가 나게 별의별 악보와 이론을 외워야 하고, 지리는 영 지루하기만 하다. 화학은 머리에 화끈화끈 열이 나고, 생물은 생판 모르겠다.

한편, 체육은 영 체질에 맞지 않는다. 그러면 역사는?

역사 역시 지겹고 끔찍하다. 외워야 할 연도가 지겹게 많을 뿐만 아니라, 지겨운 사람들을 상대로 지겨운 전쟁을 벌였던 그 수많은 지겨운 왕들……. 정말 지긋지긋하다.

역사는 종종 부당한 사건들로 얼룩지기도 한다.

게다가, 헷갈릴 때도 많다!

그렇지만 이 책은 수업 시간에 배우지 못했던 정말 재미있는 역사를 다룬다. 선생님이 언제나 모든 걸 다 가르쳐 준다고? 천만의 말씀! 선생님은 여러분이 아직 나이가 어리기 때문에 끔찍한 이야기는 모르는 편이 낫다고 생각한다. 예를 들면, 이집트인이 어떤 식으로 사람의 두뇌를 꺼내 미라를 만들었는가 하는 것은 몰라도 된다고 여긴다. 그러나 그렇게 학교를 졸업하고 나면, 여러분은 그러한 지식을 배울 수 있는 기회를 영영 놓치고 만다.

더구나 선생님도 모르기 때문에 가르쳐 주지 못하는 것도 있다. 이 책에는 선생님들이 말해 주지 않는 지식들이 많다. 그러니까 이 책을 다 읽고 나면, 여러분이 선생님을 가르칠 수도 있다는 이야기! 얼마나 즐겁고 통쾌한 일인가!

이 책에는 흥미로운 내용이 많다. 등골이 오싹해지는 이야기도 있고, 선생님의 썰렁한 농담보다 더 재미있고, 여러분의 양말보다 더 지저분한 이야기, 그리고 다리가 셋뿐인 강아지보다 더 슬픈 사연도 있다. 자, 그러면 이제 흥미진진한 이집트 여행을 시작해 보자!

고대 이집트 3천 년의 역사

고대 이집트 역사에서 가장 놀라운 사실은 그 역사가 굉장히 오래 되었다는 것이다. 3000년이 넘을 정도니까! 얼마나 오래 되었던지, 고대 그리스와 로마 사람들조차 이집트 인이 남긴 유적을 아주 오랜 옛날의 유물로 생각했을 정도였다.

고대 이집트의 역사는 대개 왕조(王朝)로 시대를 구분한다. 왕조란, 같은 왕가가 다스린 기간을 말한다. 14명의 왕이 나온 큰 왕조가 있는가 하면, 왕이 한 명밖에 안 나온 작은 왕조도 있다. 이집트 인이 세운 왕조는 모두 30개였고, 마지막에 그리스 인이 세운 왕조가 2개 더 있었다. 그 다음에 이집트는 로마에 정복되었고, 더 나중에는 아랍의 지배를 받게 되었다. 이집트의 역사를 아주 짧게 정리해 보면 이 정도!

고대 이집트의 주요 사건 연표

시기 : 기원전 3200~2300년
왕조 : 제 1~6 왕조
시대 : 고왕국 시대
주요 사건 : 상이집트와 하이집트가 통일되었고, 배수로를 만들어 나일 강의 범람을 조절함.
서기들이 상형 문자를 사용했고, 달력이 발명됨.
쿠푸 왕의 대피라미드를 비롯하여 초기 피라미드들이 건설됨.

시기 : 기원전 2300~2050년
왕조 : 제 7~11 왕조
시대 : 제 1 중간기
주요 사건 : 페피 왕조의 힘이 약했기 때문에 혁명과 폭동이 자주 발생함.
많은 농민들이 먹을 것이 없어 굶어 죽음.

시기 : 기원전 2050~1775년
왕조 : 제 11~12 왕조
시대 : 중왕국 시대
주요 사건 : 현명한 파라오들이 다스림.
거대한 신전들이 세워졌고, 그 안을 장식하기 위해 미술, 공예, 글씨가 발달함.
세계 최초로 제과점이 문을 엶.

시기 : 기원전 1775~1575년
왕조 : 제 13~17 왕조
시대 : 제 2 중간기
주요 사건 : 아시아에서 침입한 힉소스 왕(일명 '양치기 왕')이 북부를 다스림.
말과 수레가 사용되기 시작함.
세계 최초의 과자가 탄생함.
실을 잣고 천을 짜는 기술이 발달함.
오보에나 탬버린 같은 새 악기가 등장함.

시기 : 기원전 1575~1085년
왕조 : 제 18~20 왕조
시대 : 신왕국 시대
주요 사건 : 힉소스 인을
몰아 냄.
고대 이집트
최고의 전성기.
왕가의 계곡에
돌무덤이 건설되기
시작함.
투탕카멘이
살다가 죽음.
람세스 2세가
카데시 전투에서
히타이트를
물리침.

『사자(死者)의 서(書)』
가 파피루스에 쓰여짐.
모세가 이집트에
살던 헤브라이
노예들을 해방시킴.

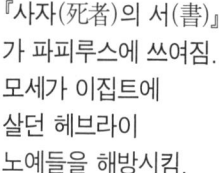

시기 : 기원전 1085~709년
왕조 : 제 21~24 왕조
시대 : 쇠퇴기
주요 사건 : 이집트 출신의 왕들이
점점 사라져 감.
리비아 병사들을
돈 주고 사서 전투를
치리아 했음.

시기 :   기원전 709~332년
왕조 :   제 25~30 왕조
시대 :   후기
주요 사건 : 페르시아 왕들이
           이집트를 다스림.
           아시리아 인이
           이집트를 침공함.
           누비아 왕들이 최초로
           역사학을 장려함.

시기 :   기원전 332~30년
왕조 :   프톨레마이오스 왕조
주요 사건 : 그리스의
           알렉산드로스 대왕이
           이집트를 정복함.
           그리스 출신의
           프톨레마이오스 왕가가
           이집트를 다스림.

이집트 왕국의
마지막 여왕은
클레오파트라였음.

시기 :   기원전 30년
주요 사건 : 이집트가
           로마 제국의
           일부가 됨.
           이집트는 로마
           제국의 식량을
           공급하는 역할을
           함.

시기 :   서기 641년
주요 사건 : 아랍 인이
           이집트를 정복함.

파라오의 비밀

오늘날 이집트에서 볼 수 있는 가장 멋진 것은 바로 피라미드! 그러면 이집트에서 볼 수 없는 가장 멋진 것은? 그 피라미드를 만든 이집트의 왕, 즉 파라오(pharaoh)이다. 그들은 이제 먼지와 해골, 미라로 변해 버렸다. 그런데 처음에 파라오는 어떻게 등장하였을까?

이집트가 하나의 국가를 이루기 전, 나일 강변을 따라 작은 마을들이 생겨나기 시작했다. 마을마다 족장이 있었는데, 점차 힘이 센 족장들이 옆 마을을 정복하게 되었다. 이렇게 해서 나일 강을 따라 작은 왕국이 만들어졌다.

그 중에서 또 힘이 센 왕국이 옆 나라를 정복하면서 점점 힘을 키워 나갔다. 마지막에는 가장 힘센 족장 두 명만 남게 되었는데, 바로 하얀 왕관을 상징으로 하는 상이집트의 왕과 빨간 왕관을 상징으로 하는 하이집트의 왕이었다.

기원전 3200년 무렵, 상이집트의 메네스(Menes) 왕은 하이집트를 정복하고, 두 왕관을 합쳐서 자신의 상징물로 삼았다. 이렇게 해서 이집트라는 나라가 태어난 것이다.

불과 200년 만에 족장이 거느리던 마을에서 왕이 다스리는 나라로 발전한 것이다. 어떻게 이토록 빨리 변신할 수 있었느냐고? 역사가들은, 새로운 지도자들이 머리가 아주 똑똑한 사람들이었고, 이집트 인이 아니라 이민족이었다고 한다. 그러니까 바깥에서 온 정복자였다는 말이다. 그 증거로, 초기 왕들은 이집트의 농부들보다 키가 컸고 머리도 더 컸다!

한 유명한 역사가는, 이들이 동방에서 온 사람들이라고 주장한다. 그리고 한 유명한 정신병자의 말에 따르면, 이들은 다

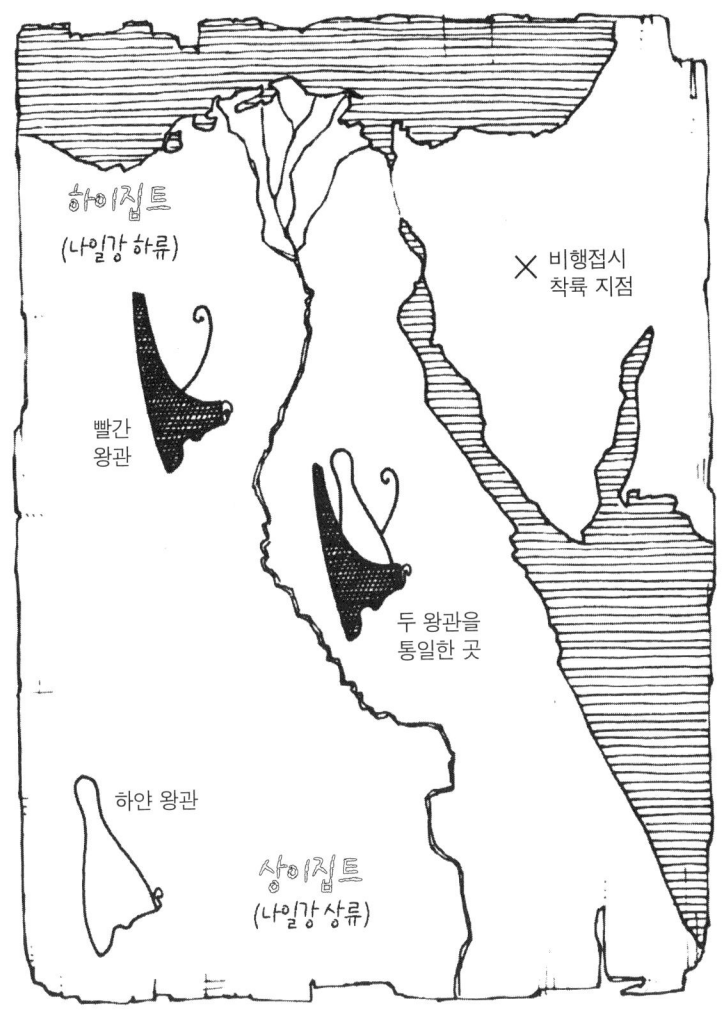

른 별에서 온 사람들이라고 한다. 이들의 유골과 무덤은 발견되었지만, 비행 접시는 발견되지 않았다. 그렇지만 아무도 알 수 없는 일이다. 어느 쪽을 믿느냐 하는 것은 여러분이 판단할 문제. 이들이 어디서 온 사람들이든 간에, 피라미드를 만든 사람들은 바로 이들의 위대한 후손이었다.

나도 이집트의 왕이 될 수 있을까?

왕이 되려면 왕가의 공주와 결혼을 해야 한다. 그런데 공주가 많다면, 어떻게 해야 할까? 어떻게 해야 여러분은 왕이 될 수 있을까?

a) 부인만 남겨 놓고 다른 공주들을 모두 죽인다.
b) 다른 공주들을 내 부하들과 결혼시킨다.
c) 모든 공주들과 결혼해서 왕권을 다진다.
d) 다른 공주들을 모두 감옥에 가둔다.

답 : c) 가장 일반적인 답변이었다. 이집트의 왕은 수많은 아내를 가질 수 있었다. 그러다 더 높은 권력을 유지하려고 왕은 다른 왕국의 공주까지 아내로 맞이할 수 있었다.

왕이 해야 하는 일

이집트의 왕이 됐다면, 다음과 같은 일들을 해야 한다.

멀리달리기

여러분은 왕이 될 자격이 있을까? 이집트의 왕은 자격이 있음을 증명하기 위해 일정한 거리를 달려야 했다. 이 시험은 대부분 왕위에 오르고 나서 30년이 지난 후 축제 기간에 치렀다.

종교 지도자

이집트의 왕은 단순한 왕이 아니라 신의 역할까지 맡았다. 매일 아침마다 왕은 다른 신들에게 제물을 바쳤다. 그 목적은 해를 뜨게 해 달라는 것. 제물을 바치지 않으면 해가 뜨지 않고, 세상도 끝난다!(게을러서 늦잠을 자면 어떡하냐고? 걱정할 것 없다. 이 일은 대개 사제들이 대신하니까. 그들은 제물로 바친 음식을 자신들이 먹었다. 일종의 봉급인 셈.) 왕이 가지고 있는 또 하나의 권한은 바로 나일 강을 다스리는 일이다. 왕은 홍수를 일으켜 달라고 매년 제사를 지낸다. 그래야 강 주변의 땅이 비옥해져서 작물이 잘 자라고, 사람들이 굶지 않을 테니까.

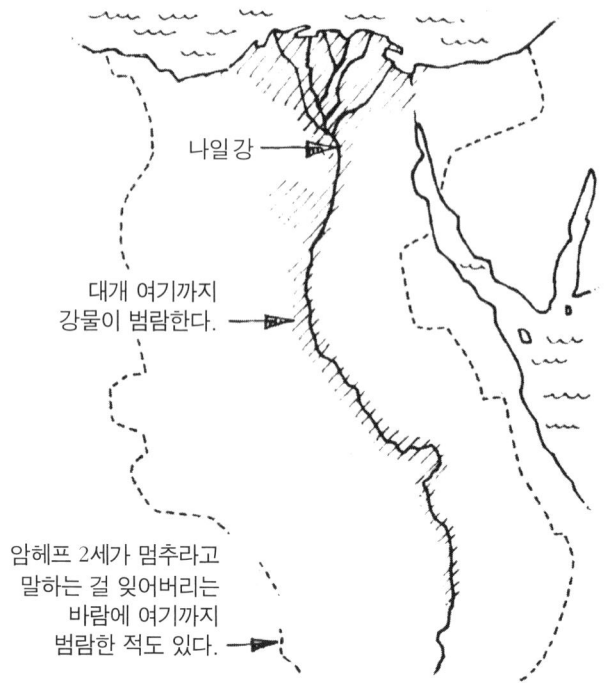

정치 지도자

왕이 해야 할 중요한 임무 중 하나는 상이집트와 하이집트를 잘 통일시켜 다스리는 것이다. 힘든 일이 아니냐고? 걱정할 것 없다. 많은 관리들을 거느리고 있으니까.

왕의 별명

물론 여러분은 전생에 이집트의 왕보다는 평민이었을 가능성이 크다. 평민이라면 왕을 대할 때 조심해야 한다. 먼저 왕을 그냥 '왕'이라고 불렀다가는 큰일난다. 평민이 그렇게 불렀다가는 당장 사형감이다. 이집트인은 왕을 신성한 존재로 여기고 존경했다. 왕은 그냥 왕이 아니라 신이기도 하므로, 왕의 이름을 부르는 것은 아주 무례한 짓이다! 그래서 사람들은 존경심을 나타내기 위해 별명을 사용했다. 그 중에서 가장 유명한 별명이 바로 '파라오(pharaoh)'인데, '위대한 집' 혹은 '왕궁'이라는 뜻이다. 왕의 몸은 신이 계신 '집'과 같으니까, 당연한 이름이다.

군사 지도자

이집트 유적에 조각된 그림들을 보면, 모두 왕을 정복자로 그리고 있다. 만약 전쟁에서 지면 어떻게 하느냐고? 걱정할 것 없다. 그래도 서기들은 여러분이 승리했다고 기록할 테니까. 람세스(Ramses) 2세는 시리아의 카데시에서 히타이트(Hittite)와 전쟁을 벌였는데, 이집트 서기들은 람세스 2세가 대승을 거뒀다고 기록했다. 그러나 히타이트가 남긴 기록에는 히타이트가 승리했다고 되어 있다!

여왕은 여자가 아니다?

이집트의 왕은 남자였다. 그렇지만 가끔 여자가 왕이 되는 경우도 있었다. 이집트에서 가장 힘센 사람이 여자라면, 당연히 여자가 왕이 될 수도 있겠지. 그런데 이집트인은 여왕을 여자라고 여기지 않았다.

이집트의 왕은 우주의 창조주인 '라(Ra)'의 아들이므로 남자여야 한다. 그래서 이집트인은 여왕도 남자로 여긴 것이다. 여왕에게 턱수염과 같은 남자의 특징이 없다면, 이집트인은 그것을 만들어 주었다. 그래서 여왕은 턱에 가짜 수염을 달아야 했다.

하트셉수트(Hatshepsut)는 여왕이었는데, 남자로 보이려고 종종 남자 옷을 입었다. 그리고 이집트 전역의 유적에다 자신의 이름을 새겨 놓았다. 그러나 그(녀)의 뒤를 이은 왕들은 유적에 새겨져 있던 하트셉수트의 이름을 모두 지워 버렸다.

여왕인 하트셉수트가 이집트를 다스린 적이 없었던 것처럼 역사를 조작한 것이다.

이집트 역사상 가장 유명한 여왕은 클레오파트라(Cleopatra)였는데, 그녀는 남장을 할 필요가 없었다. 클레오파트라는 하트셉수트보다 1500년이나 뒤에 이집트를 다스린데다가, 이집트인이 아니라 그리스 인이었으니까!

투탕카멘의 비극

이크나톤(Ikhnaton ; 아크나톤이라고도 함)은 다른 왕들과 생각이 달랐다. 그 전까지는 여러 신들을 숭배했는데, 그는 태양신 아톤(Aton)만 섬겨야 한다고 생각했던 것이다. 그는 아톤 신에게만 열중한 나머지, 국방에는 전혀 신경을 쓰지 않았다. 이러한 이유로 인해 대신들은 화가 났다.

그들은 왕을 쫓아 내는 수밖에 없다고 판단했다. 이크나톤 왕은 어느 날 갑자기 원인 모를 죽음을 당했다. 여기에는 왕의 삼촌이자 최고 대신이던 아이(이름은 '아이'지만, 어린이는 아니었다)가 관련되어 있었다. 아이는 이크나톤의 동생인 투탕카멘(Tutankhamen)에게 왕위를 잇게 했다. 왕위에 올랐을 당시 투탕카멘은 나이가 겨우 아홉 살밖에 안 되었기 때문에 이집트의 문제를 혼자 힘으로 해결할 수 없었다. 그래서 삼촌인 아이가 왕을 돕는 역할을 맡아 권력을 휘두르게 되었다.

아이는 종교와 국방을 분리했다. 어린 투탕카멘이 왕비 앙케세나멘과 조용하게 지내는 동안 삼촌인 아이는 사실상 이집트의 왕으로 군림했다. 투탕카멘은 사냥이나 즐기며 놀았다.

그러다가 투탕카멘이 죽었다. 늙어 죽었느냐고? 그렇지만 당시 투탕카멘은 겨우 18세였다. 그렇다면 살해된 것일까? 투탕카멘은 삼촌이 쥐고 있던 권력을 넘겨받을 때가 되었다고 생각했을지도 모른다. 그렇지만 아이는 10년 동안 누려 온 권력을 넘겨 주고 싶지 않았을 것이다.

아이가 권력을 유지할 수 있는 방법은 두 가지밖에 없었다. 하나는 싸움을 벌이는 것이었다. 그러나 반드시 승리한다는 보장이 없었다. 또 하나는 투탕카멘을 살해하고, 미망인이 된 앙케세나멘과 결혼하는 것이었다. 그렇지만 앙케세나멘은 그의 손녀뻘이었다.

앙케세나멘은 물론 할아버지와 결혼하고 싶은 마음이 손톱만큼도 없었다. 누구라도 그럴 것이다. 그렇다면 어떻게 해야 할까? 여러분이 앙케세나멘이라면 어떻게 하겠는가?

앙케세나멘은 1번을 선택하였다. 하기야 그게 제일 낫겠지? 앙케세나멘은 이집트의 적국인 히타이트의 왕자 제난자에게 청혼하였다. 왕자는 앙케세나멘과 결혼하기 위해 길을 떠났지만, 이집트 땅을 밟지 못했다. 오던 길에 살해당한 것이다! 누가 꾸민 일인지는 뻔하다.

계획이 물거품으로 돌아가자, 앙케세나멘은 할 수 없이 할아버지인 아이와 결혼하였다. 좋은 소식은 없느냐고? 아이는 왕이 되었지만, 4년 후에 죽었다. 역사의 심판을 받은 셈이지!

괴짜 왕 열전

1. 페피(Pepy) 2세는 아홉 살에 왕이 되어 백 살이 넘도록 이집트를 다스렸다. 이렇게 오랫동안 이집트를 다스린 왕은 그 전에도 그 후에도 없었다.

2. 스네프루(Snefru) 왕은 오락삼아 20명의 왕비들에게 노를 저어서 왕궁의 호수를 건너게 했다. 놀이가 순조롭게 진행되던 중, 한 왕비가 그만 물 속에 머리핀을 떨어뜨렸다. 토라진 왕비는 더 이상 노를 젓지 않겠다고 했다. 왕이 간청했으나, 왕비는 말을 듣지 않았다. 결국 왕은 마술사에게 머리핀을 찾으라고 했다. 전하는 이야기에 따르면, 마술사는 호수를 반으로 접은 다음, 머리핀을 찾았다고 한다.

3. 왕은 왕궁에 마술사를 두는 경우가 많았다. 어느 마술사는 피 한 방울 내지 않고 거위의 머리를 떼었다 붙였다 할 수 있었다. 아름다운 여자를 절반으로 자르는 요즘 마술사들처럼 속임수를 썼을까? 또, 어떤 마술사는 사나운 사자를 얌전한 애완 동물로 만드는 기술이 있었다.

4. 람세스 2세는 애완 동물이던 사자만 거느린 채 히타이트 병사들과 마주쳤다가 간신히 살아남았다! 람세스 2세가 아몬 신에게 도와 달라고 기도를 드렸더니, 바로 그 순간 동맹군 병사들이 나타나 히타이트 병사들을 공격했다고 한다. 히타이트 병사들은 강 쪽으로 도망치다가 물에 빠져 죽었다. 히타이트 왕은 람세스(그리고 사자)와 평화 협정을 맺었다.

5. 왕들이 다음 세상에서 살려면, 미라로 보존된 육신뿐만 아니라 하인들도 필요했다. 서기, 요리사, 재단사, 건축사 등 살아 있을 때 시중을 들었던 모든 사람들이 필요했다. 그래서 하인들의 모습을 본떠 만든 인형을 무덤에 함께 묻었다.

그렇지만 초기의 몇몇 왕은 끔찍한 방법으로 다음 세상에서 쓸 하인들을 구했다. 살아 있는 하인들을 무덤에 함께 묻었던 것이다. 산 채로는 다음 세상으로 갈 수 없으니까, 하인들을 죽이는 수밖에 없었다!

하인들이 기꺼이 목숨을 바쳤는지 아니면 처참하게 살해당했는지는 알 수 없다. 어쨌거나 제르(Zer) 왕의 무덤 주변에는 희생된 하인 338명의 무덤이 있다. 8대 왕인 카(Ka'a)가 즉위하고 난 다음에야 이 끔찍한 관습이 없어졌다. 왕을 모실 때에

는 영광스러웠겠지만 왕이 죽을 때 함께 죽어야 한다면, 그런 자리에는 아무도 있고 싶지 않을 것이다.

6. 로마인은 이집트를 로마 제국의 일부로 만들었다. 위대한 왕국 이집트는 3000여 년 만에 그렇게 막을 내렸다. 고대 이집트는 인류 역사상 그 어떤 왕국보다 가장 오랫동안 지속된 왕국이었다.

7. 이집트의 마지막 왕은 이집트인이 아니라 그리스인이었다. 알렉산드로스(Alexandros) 대왕이 기원전 332년에 이집트를 정복한 후, 그리스의 프톨레마이오스(Ptolemaeos) 왕가가 거의 300년 동안 이집트를 다스렸다. 프톨레마이오스 왕가의 마지막 왕은 바로 그 유명한 클레오파트라 여왕이다. 그런데 클레오파트라는 비참하게 삶을 마감했다.

클레오파트라의 애인은 로마의 지도자 율리우스 카이사르(Julius Caesar)였다. 카이사르 덕분에 클레오파트라는 로마의 공격을 막아 낼 수 있었다. 그러나 카이사르가 죽자, 클레오파트라는 그의 후계자 두 사람 중 한 사람을 선택해야 했다. 아우구스투스(Augustus)냐, 안토니우스(Antonius)냐? 클레오파트라는 안토니우스로 결정하고, 그의 애인이 되었다.

그러나 그녀의 예상은 빗나가고 말았다. 안토니우스가 아우구스투스와의 싸움에서 패하자, 클레오파트라의 운명도 끝나고 말았다. 두 사람의 최후는 비극적이었다. 안토니우스는 클레오파트라가 자살했다는 소식을 듣고 절망에 빠져 자살을 기도했다. 그러나 죽는 데에는 실패했다.

바로 그 때, 클레오파트라가 자살을 하지 않았다는 소식이 들렸다. 그녀는 살아 있었던 것이다! 안토니우스는 상처 입은 몸을 이끌고 애인의 곁으로 달려갔다. 그러나 결국 상처 때문에 죽고 말았다. 이에 절망한 클레오파트라도 자살하고 말았다.

피라미드의 신비한 힘

1799년 8월 12일

그는 위대한 통치자이자 그 당시 세계 최강의 인물이었다. 새 시대의 이 위대한 통치자는 고대의 위대한 통치자를 만나러 갔다. 그는 바로 프랑스의 통치자이자 유럽의 정복자인 나폴레옹 보나파르트(Napoleon Bonaparte)였다. 나폴레옹은 이집트에 있는 쿠푸(Khufu) 왕의 피라미드를 찾아갔다.

나폴레옹은 안내인을 따라 피라미드의 안쪽으로 깊이 들어갔다. 마침내 왕의 방이 있는 중심부에 도착했다. 안내인이 역사에 대한 설명을 시작하자, 나폴레옹은 필요 없다는 듯이 손을 내저었다.

"혼자 있고 싶다."
"하지만, 장군님……."
"혼자 있고 싶다니까!"
"그럼, 좋을 대로 하시지요."
안내인은 그 방에서 나와 컴컴한 복도 쪽으로 걸어갔다. 나폴레옹은 정적이 감도는 방 안에 혼자 서 있었다. 한참 뒤에야 걸어 나오는 그를 보고 안내인이 횃불을 쳐들었다. 나폴레옹은 안색이 창백했고, 몸을 부들부들 떨었다.
"괜찮으십니까, 장군님?"
그러나 나폴레옹은 들은 체도 하지 않았다. 그러다가 갑자기 쉰 목소리로 이렇게 말했다.
"이 사실을 아무에게도 말하지 말라!"
"알겠습니다."
안내인은 대답한 뒤, 뜨거운 모래밭이 펼쳐져 있는 바깥으로 안내했다.
그러나 그 후 파란만장한 삶을 살아가면서 정작 이 이야기를 꺼낸 사람은 나폴레옹 자신이었다. 그리고 피라미드 안에서 엄청난 일을 경험했다는 말도 넌지시 흘렸다. 혹시 그는 자신의 미래를 본 것은 아니었을까?
그 후, 나폴레옹은 세인트헬레나 섬에서 죽을 날만을 기다리고 있다가 친구에게 비밀을 털어놓으려 했다. 그러나 곧 생각을 바꾸었다.
"아냐. 그래 봤자 무슨 소용이 있겠나? 어차피 자네는 내 말을 믿지 않을 텐데."
나폴레옹은 며칠 뒤에 숨을 거뒀다. 그리고 피라미드의 수수께끼도 함께 묻혀 버렸다.

피라미드의 수수께끼

나폴레옹이 왕의 방 안에 발을 들여 놓기 천 년 전, 또다른 위대한 통치자가 그 자리에 서 있었다. 그 사람은 바그다드의 칼리프(이슬람 제국의 통치자)인 알 마문(Al Mamun)이었다. 그는 젊고 호기심이 많은 사람이었다. 피라미드에 마술의 힘이 있다는 소문을 듣고 그는 직접 안으로 들어가 보고 싶었다.

대부분의 피라미드는 도굴꾼의 약탈로 텅 비어 있었다. 그러나 철저한 방어 장치들이 설치돼 있는 쿠푸 왕의 대피라미드를 뚫고 들어간 사람은 아무도 없었다.

왕의 방은 피라미드 아래에 있는 바위 깊숙한 곳에 자리잡고 있었다. 피라미드가 다 만들어지기 전에 왕이 죽을 경우,

시신을 안전하게 보관하기 위해 만든 방이었다. 거기에는 왕비의 방도 있었다. 그리고 최종적으로 피라미드의 한복판 깊숙한 곳에 진짜 왕의 방을 만들었다.

일단 관을 왕의 방으로 옮기고 나면, 단단한 화강암 벽돌로 입구를 막았다. 알 마문은 대피라미드에 도착하여 살펴본 결과, 어떤 도굴꾼도 그 두꺼운 벽을 뚫고 침입하지 못했다는 것을 확인할 수 있었다. 젊은 알 마문은 안으로 들어가려고 결심했고, 게다가 작업에 필요한 사람은 얼마든지 있었다.

사람들이 바위를 뚫고 새로운 굴을 만들었다. 마침내 그들은 피라미드의 중심에 이르렀다. 알 마문이 안으로 들어갔다.

그는 피라미드에 얽힌 신비한 전설을 잘 알고 있었다. 별의 움직임을 그려 놓은 옛날의 성도, 이집트인이 그린 세계 지도, 순수한 금속과 황금, 깨지지 않는 유리를 비롯한 수많은 신비로운 물건들…….

왕의 방 한가운데에는 돌로 만든 관이 있었다. 그런데 관 속에는 아무것도 없었다! 쿠푸 왕의 시신은 이 거대한 돌무덤 속에 안치되지 않았던 것이다. 왜 그랬을까? 이 곳에 묻을 게

아니었다면, 왜 피라미드를 만들었단 말인가?

이 사실은 오늘날까지도 수수께끼로 남아 있다. 해답은 의외로 간단할지도 모른다. 이를테면, 피라미드가 완성되기 전에 쿠푸 왕이 죽어 다른 곳에 묻혔다고 볼 수도 있다. 그러나 이것은 너무 간단한 설명이라고 생각하는 사람들이 많다.

지금까지 여러 사람들이 해답을 제시했다. 그 중에는 그럴듯한 답도 많다.

대피라미드의 쓰임새가 무덤이 아니라면, 왜 만든 것일까? 그렇다면 피라미드의 다른 용도는 무엇일까? 여러분 생각에는 어떤 것이 가장 그럴듯해 보이는가?

피라미드의 용도에 관한 기발한 생각들

1. 대피라미드는 돌로 만든 컴퓨터이다. 밑변의 길이와 높이, 각도를 이용하면, 많은 것을 계산할 수 있다. 또한, 지름의 길이를 알면, 그 외곽을 두르는 원의 둘레를 계산하는 방법을 피라미드는 알려 준다.

2. 이집트 사람들은 대피라미드를 이용해 지구의 공전 거리와 빛의 속도를 계산할 수 있었다.

3. 피라미드는 수학적인 천궁도이다. 따라서, 피라미드를 연구하면 미래를 예측할 수 있다. 런던 피라미드 연구소의 주장에 따르면, 예수가 십자가에 못박히는 사건과 제1차 세계 대전을 피라미드가 이미 예언했다고 한다. 또, 지구의 종말을 서기 2979년으로 예언하고 있다고 한다.

4. 대피라미드는 이집트의 사제들이 얼마나 많은 지식과 권력을 가지고 있었는지를 세상에 알리는 상징물이다. 사제들은 쿠푸 왕을 설득해서 이 피라미드를 만들게 했고, 모든 건설 비용을 부담하게 했다. 그러나 쿠푸 왕이 세상을 떠나자, 사제들은 이 멋진 건축물 속에 왕의 시신을 넣고 싶지 않았다.

5. 대피라미드는 별들의 움직임을 관찰하고 기록했던 천문대였다.

6. 대피라미드는 거대한 달력이다. 이집트 사람들은 피라미드를 이용해 1년의 길이를 소수 셋째 자리까지 계산할 수 있었다.

7. 대피라미드는 해시계이다. 그림자의 길이와 위치에 따라 날짜와 시간을 알아 냈다.

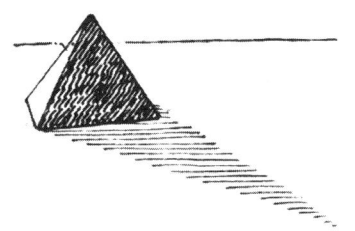

8. 대피라미드는 경계표였다. 고대의 모든 지도는 대피라미드를 기점으로 삼아 거리를 측정했다. 오늘날 그리니치를 통과하는 경선을 본초 자오선으로 삼는 것과 마찬가지로.

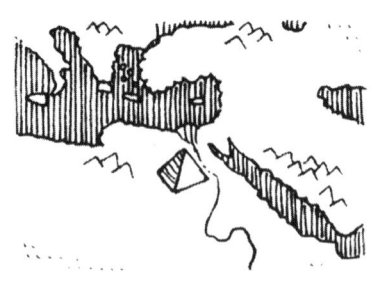

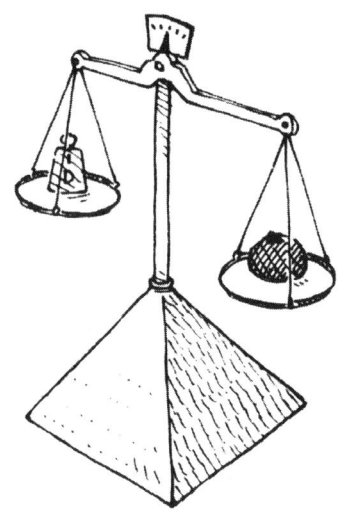

9. 대피라미드는 고대 세계의 도량형 원기들을 보관하는 곳이었다. 나라에서는 상인들이 물건을 팔 때 제대로 값을 매기는지 측정하기 위한 기준이 필요했다. 그러나 구리로 만든 추는 세월이 흐르면 낡고 닳아서 무게가 줄어들었다. 심지어 못된 상인들은 그것을 악용하기도 했다.

10. 피라미드의 중심은 엄청난 자연의 힘이 모여 있는 곳이다. 그 안에서는 불가사의한 일들이 벌어지곤 한다. 나폴레옹이 겪은 이상한 일 외에도 피라미드의 한가운데까지 들어갔던 관광객들은 쇼크를 일으키거나 기절한 경우가 많았다.

> **경고!**
> 피라미드를 연구하는 사람들을 '피라미드 학자'라고 한다. 그렇지만 피라미드를 놓고 말도 안 되는 의견을 내놓는 사람들은 '피라미 학자'라고 한다.

신비스러운 피라미드의 힘

나폴레옹이 거대한 피라미드의 힘을 느낀 지 50년 뒤, 보비(Bovis)라는 프랑스 사람이 이 무덤을 찾아왔다. 무덤 안은 관광객들이 버리고 간 쓰레기들로 엉망진창이었다. 고양이 한 마리가 길을 잃고 헤매다가 죽었는지, 쓰레기 한가운데에 누워 있었다. 그런데 그 고양이는 뭔가 이상했다. 전혀 썩지 않았던 것이다. 붕대로 감거나 약품 처리를 하지 않았는데도, 고양이는 미라에 가까울 정도로 잘 보존돼 있었다. 보비는 고양이가 이렇게 잘 보존되어 있는 이유가 바로 피라미드의 힘 때문이라고 결론내렸다.

돋보기를 통과한 광선은 한 점으로 모아지면서 뜨거워진다. 보비는 피라미드가 사각뿔 모양으로 만들어졌기 때문에 돋보기의 원리처럼 자연의 힘을 한 곳으로 모으는 능력이 있다고 생각하였다.

보비는 프랑스로 돌아가서 직접 실험해 보았다. 피라미드 모형을 여러 개 만들어 놓고, 그 속에다 상하기 쉬운 음식을 이것저것 넣어 두었다. 그랬더니 생각했던 것보다 훨씬 오랫동안 신선한 상태로 보존되는 것이 아닌가!

그로부터 백여 년이 지난 1959년, 체코슬로바키아의 한 공학자가 보비의 경험담을 읽었다. 카렐 드르발(Karel Drbal)이라는 그 공학자는 피라미드 안에다 금속을 넣어도 음식처럼 잘 보존되는지 궁금했다. 그 당시 체코슬로바키아는 면도날의 공급이 부족했다. 그래서 드르발은 피라미드 모형 안에다 날이 무뎌진 면도날을 넣고 더 이상 무뎌지지 않는지 관찰했다. 그랬더니 놀랍게도 면도날은 저절로 다시 날카로워지는 것이었다!

정말 엄청난 발견이었다. 드르발은 다른 사람이 이 아이디어를 가로채지 못하도록 해야겠다고 생각했다. 특허를 얻어 놓으면 이 아이디어를 아무도 훔쳐 가지 못할 것이라는 생각에 그는 서둘러 특허청으로 달려갔다.

드르발이 다음 주에 다시 찾아갔더니, 특허청장은 놀라움을 감추지 못하는 얼굴이었다.

드르발은 이 아이디어를 어느 회사에다 팔았다. 그 회사는 플라스틱 피라미드 모형을 만들어서 숫돌로 판매했고, 엄청난 성공을 거두었다. 체코슬로바키아 사람들은 앞다투어 플라스틱 피라미드를 샀다. 그리고 효과가 있다고 믿었다.

여러분 생각은 어떤가?

피라미드의 신비로운 힘을 알아보는 실험

사실을 정확하게 확인하기 위해서는 직접 피라미드를 만들어 실험해 보는 게 좋겠지?

1. 마분지로 피라미드를 만든다. 우선 피라미드의 옆면을 이루는 4개의 삼각형을 만드는데, 삼각형의 밑변은 15.7 cm, 옆변은 14.94 cm가 되게 자른다(피라미드의 밑면은 필요 없다).

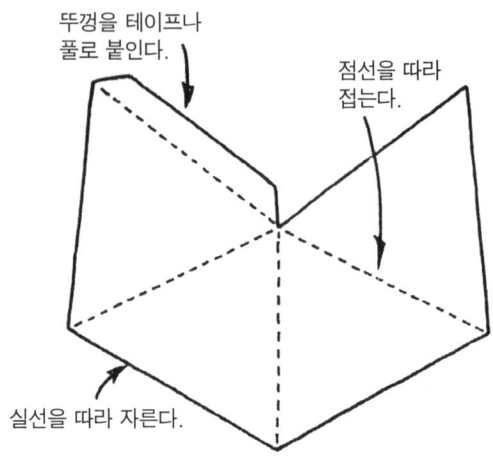

2. 높이가 3.33 cm인 조그만 나무 토막 위에다 빵 조각이나 치즈 등의 음식물을 얹어 놓는다.

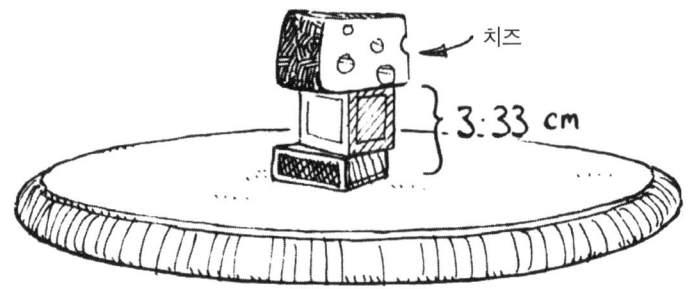

3. 음식물이 피라미드의 한가운데에 오도록 피라미드를 음식물 위에 덮는다.
4. 피라미드의 네 옆면이 정확하게 동서남북을 가리키도록 놓는다.
5. 피라미드 안에 넣은 것과 똑같은 음식물을 밖에도 놓아 둔다.
6. 음식물의 상태를 매일 관찰한다.

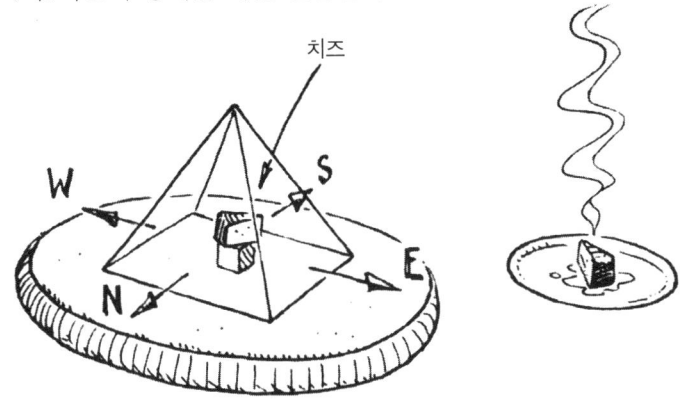

썩거나 곰팡이가 먼저 생기는 쪽은 어느 쪽일까? 만약 피라미드 안에 들어 있던 음식이 더 오랫동안 신선한 상태로 남아 있다면, 여러분은 직접 피라미드의 힘을 증명한 것이다!

달빛의 힘

제1차 세계 대전(1914~1918)에 참전했던 어느 군인의 말에 따르면, 면도날이 달빛을 받으면 무뎌진다고 한다. 면도날의 모서리는 아주 작은 결정으로 이루어져 있기 때문에 날카롭다. 그런데 달빛의 압력은 작은 결정을 떨어져 나가게 할 만큼 충분히 크다. 그렇다면 피라미드 안에서 음식물이나 죽은 이집트 고양이가 보존되는 것과 마찬가지 방식으로 면도날의 작은 결정들도 보존되는 것은 아닐까?

피라미드는 어떻게 만들었을까?

피라미드에 관한 무시무시한 사실 10가지

1. 피라미드는 파라오(이집트 왕)의 무덤으로 지은 대형 석조 건축물이다.

2. 피라미드는 커다란 돌덩어리로 만들어졌지만, 바퀴 달린 운송 수단이 없었던 이집트인이 그 돌을 어떻게 운반했는지는 아직까지도 수수께끼이다. 게다가 기중기도 없었을 텐데, 어떻게 돌들을 들어올렸을까?

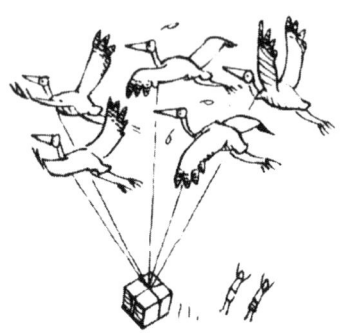

3. 한가운데에 위치한 왕의 방에는 파라오가 다음 세상으로 가지고 갈 엄청난 보물들이 가득 쌓여 있었다.

4. 피라미드의 보물은 도굴꾼에게 최상의 표적이 되었다. 그래서 피라미드를 만든 사람들은 도굴꾼을 속일 목적으로 가짜 문과 가짜 계단, 가짜 복도를 만들었다.

5. 쿠푸 왕의 대피라미드의 밑바닥은 축구 경기장 7~8개에 해당하는 넓이이다(230×230 m).

6. 대피라미드 한가운데 있는 왕의 방은 작은 집만한 크기이다(가로 10 m, 세로 5 m, 높이 6 m).

7. 큰 돌 덩어리는 배로 운반했기 때문에, 피라미드는 나일 강에 가까운 곳에 세울 수밖에 없었다.

8. 피라미드는 모두 나일 강의 서쪽 강변에 있다. 서쪽은 해가 지는 쪽이다. 종교적인 이유 때문이라고 전해진다.

9. 파라오는 다음 세상에서 도움을 받을 수 있도록 종교적인

글귀와 함께 묻혔다. 초기에는 이 글귀를 방의 벽에다 적었다(이것을 '피라미드 본문'이라고 한다). 나중에는 글귀를 관 위에다 적었다(이것을 '장례 문서'라고 하다). 마지막에는 이집트 종이(파피루스)에다 적어서 둘둘 만 다음, 왕의 관 속에 넣었다. 이 글귀는 다음 세상으로 가는 여러 가지 방법이 쓰여 있는데, '죽은 자의 책'이란 뜻으로 '사자의 서'라고 부른다.

10. 고대 그리스인은 피라미드를 구경하러 많이 왔다. 그리스인이 남긴 기록에 따르면, 노예 10만 명이 10년 동안 일해서 피라미드 한 개를 만들었다고 한다. 요즘 역사책 중에서도 이 기록을 그대로 옮겨 놓은 책들이 있는데, 여러 가지 측면에서 잘못된 기록일 가능성이 크다. 피라미드를 만든 사람들은 노예가 아니라 신분이 자유로운 일꾼들이었고, 7~8만 명이 5년 동안 일해서 피라미드 하나를 완성시킬 수 있었다. 일꾼들은 봉급의 일부를 무와 마늘로 받았는데, 이 야채를 먹으면서 건강을 유지했다고 한다.

선생님은 피라미드에 대해 얼마나 알고 있을까?

선생님이라고 해서 모든 걸 다 알고 있는 것은 아니다! 못 믿겠다고? 그렇지만 이 말은 사실인걸! 다음 질문들을 던져 선생님의 실력을 테스트해 보자. 아마 8개 이상 맞히는 선생님은 거의 없을걸!

다음 사실은 참일까 거짓일까?
1. 인형을 미라와 함께 묻은 적도 있었다. 참/거짓

2. 이집트에는 나무가 드물었으며, 아주 귀한 재료였다. 이집트인의 석조 기술이 발달한 것은 이 때문이다. 참/거짓
3. 초기 피라미드가 만들어졌던 시기는 바퀴가 발명되기 전이었기 때문에 이집트인은 썰매로 돌을 운반했다. 참/거짓
4. 어떤 파라오들은 '신성한 소의 서'라는 이름의 '사자의 서'와 함께 묻히기도 했다. 참/거짓
5. 기원전 1800년에서 기원전 800년까지 1000년 동안은 피라미드를 왕의 무덤으로 쓰지 않았다. 참/거짓
6. 피라미드 안에는 왕이 다음 세상에서 필요한 물건이 모두 들어 있는데, 심지어는 화장실도 있었다. 참/거짓

7. 사카라 지방에 있는 계단식 피라미드는 세계 최초로 만들어진 대형 석조물이다. 참/거짓
8. 대피라미드는 약 230만 개의 돌로 만들어졌다. 참/거짓
9. 이집트에 있는 피라미드는 90개가 넘는다. 참/거짓

답 : 모두 참인 정답!

고대 이집트식 유머

피라미드에 관한 몰라도 되는 10가지 사실

1. 대피라미드를 두께 30 cm짜리 벽돌로 쪼개면, 프랑스 국경을 빙 두르며 높이 1 m의 벽을 쌓을 수 있다. 시간이 넉넉하다면, 한 변이 6 cm인 정사각형 막대로 쪼갠 다음, 그걸 이어 붙여서 달까지 도로를 만들 수도 있다!

2. 몇몇 사람들의 주장에 따르면, 피라미드는 단순히 거대한 무덤이 아니라, 곡식 창고나 보물 창고였다고 한다.

3. 피라미드 안에 들어 있던 보물들은 왕이 묻히고 난 뒤 이삼백 년 안에 모두 도굴당한 것으로 추정된다. 현대까지 도굴당하지 않고 남아 있던 왕의 무덤은 피라미드 속이 아니라, 바위 아래에 깊숙이 묻힌 무덤뿐이었다. 투탕카멘과 헤테르페레스 왕비의 무덤이 그런 경우!

4. 이집트인은 파라오만 미라로 만든 게 아니라, 파라오가 기르던 애완 동물까지 미라로 만들어 파라오가 외롭지 않도록 피라미드 안에다 함께 넣었다.

5. 피라미드는 무게가 약 540만 톤이다. 돌 하나의 무게는 보통 자동차 두 대(2.5톤)에 해당한다. 가장 큰 돌(멘카우레 왕의 피라미드에 있는)은 무게가 285톤이나 나간다. 그것은 자동차 200~250대에 해당하는 무게이다.

6. 피라미드를 만든 사람들은 도굴꾼을 속일 목적으로 복도 끝을 돌로 막고 회반죽을 칠했다. 도굴꾼들이 회반죽을 뚫는다 하더라도, 돌이 나오면 포기할 것이라는 생각에서였다. 무덤 안으로 이어지는 진짜 문은 천장에 있는 뚜껑 달린 문이다.

7. 이집트인은 금속으로 만든 정확한 자가 없었으므로, 늘어나기도 하고 줄어들기도 하는 섬유로 된 끈을 자로 사용했다.

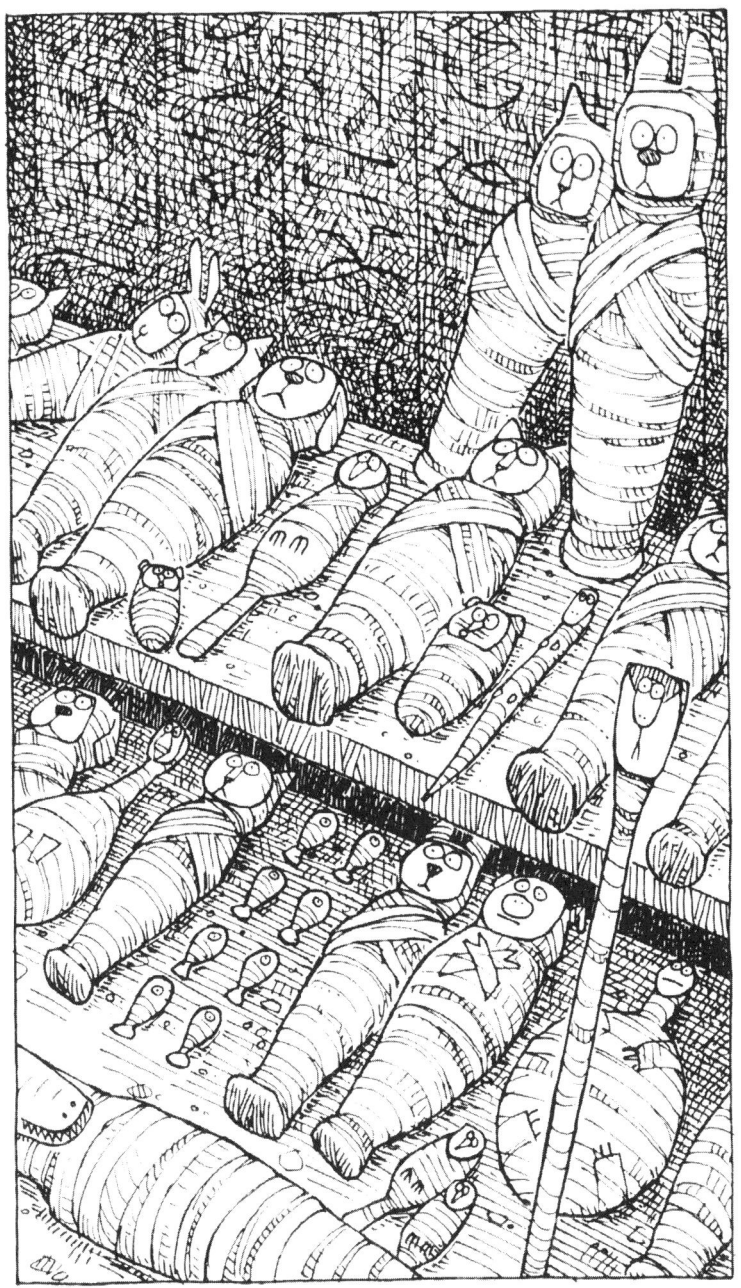

그런데도 대피라미드에서 가장 큰 오차는 230 m나 되는 옆면에서 20 cm밖에 나지 않았다(오차율 0.1% 미만). 편평한 밑바닥의 수평은 더욱 정확하게 맞추어져 있는데, 동남쪽 모퉁이가 서북쪽 모퉁이보다 겨우 1 cm 높을 따름이다.

8. 피라미드가 가장 큰 건축물은 아니다. 중국의 만리장성은 피라미드보다 더 크고, 멕시코의 케찰코아틀 피라미드는 높이가 54 m에 부피는 무려 330만 m^3나 된다. 이에 비해 쿠푸 왕의 대피라미드는 부피가 겨우 250만 m^3에 불과하다. 그러나 이집트의 피라미드는 세계에서 가장 오래 된 건축물이다.

9. 초기의 피라미드는 위가 편평한 모양이었다. 그 모양이 이집트 농가에서 흔히 쓰는 진흙 벽돌로 만든 의자와 비슷했기 때문에 '마스타바(mastaba)'라고 불렀다. 그러나 마스타바 무덤은 도굴당하기가 쉬웠다. 그래서 좀 작게 만든 마스타바 위에 또 하나의 마스타바를 쌓고, 그 위에다가 또 하나의 마스타바를 쌓고, 그 위에 또 쌓고……. 이렇게 해서 '계단식' 피라미드가 만들어졌다.

10. 요즘은 피라미드 위로 걸어가는 게 금지돼 있다. 그 동안 사고가 여러 번 일어났기 때문에 이제는 특별히 허가받은 사람만 올라갈 수 있다.

최신 뉴스 : 〈뉴스 플래시〉지 1993년 1월 7일자

이집트의 고고학자들이 기제 지방에 있는 쿠푸의 대피라미드 몇 미터 옆에서 소규모 피라미드 유적을 발견했다. 청소 작업 중 우연히 발견된 것이다. 이로써 이집트에서 발굴된 피라미드 수는 96개로 늘어났다.

피라미드 만들기 (80,000명의 친구를 모을 수만 있다면)

1. 사막을 쓸어 바위가 드러나게 한다.
2. 그 곳을 편평하게 다진다. 나일 강을 범람시키면 땅을 편평하게 다지는 데 도움이 될 것이다.
3. 북극성을 보고 어느 쪽이 북쪽인지를 알아 낸다.
4. 밑면이 될 정사각형을 만들고, 네 면이 각각 동서남북을 향하도록 표시를 해 둔다.
5. 무게 2~3톤의 석회암으로 가운데서부터 첫 단을 쌓는다.
6. 각 층을 아래층보다 약간 작게 하여 계속 쌓아 간다. 높이가 높아지면 흙으로 경사로를 만들어서 벽돌을 운반한다.

7. 돌을 쌓으면서 통로와 왕의 방이 위치할 공간을 남겨 놓는 것을 잊지 않도록! 왕의 방은 피라미드의 꼭지점 바로 아래에 위치해야 한다.
8. 피라미드가 완성되면 최고급 석회암으로 겉을 덮고, 매끈하게 다듬는다.
9. 흙으로 된 경사로를 없애고, 나일 강에서 피라미드까지 돌로 둑을 쌓는다.
10. 기다렸다가 파라오가 숨을 거두면 미라로 만든다. 보석과 함께 왕을 피라미드 안에 묻는다. 도굴당하지 않도록 피라미드 문을 꼭 닫는 것도 잊어먹지 말도록!

피라미드 실내 장식

1. 피라미드를 만들고 있는 왕이 있나 수소문한다. 피라미드 내부 장식을 맡아 줄 사람을 찾고 있을 테니까.

2. 안쪽 벽을 부드러운 석고나 회반죽으로 덧칠한다. 그 위에다 그림을 그릴 테니까.

3. 나무 막대 끝을 잘게 바수어 붓을 만든다.

4. 검은색, 파란색, 갈색, 녹색, 회색, 빨간색, 흰색, 노란색, 그리고 신왕국의 유행 색깔인 분홍색, 이렇게 아홉 가지 물감을 준비한다.

5. 벽 위에다 눈금을 그려서 작업 계획을 꼼꼼하게 세운다. 눈금을 그려 놓아야 어떤 그림을 어디에다 그릴지 알 수 있다.

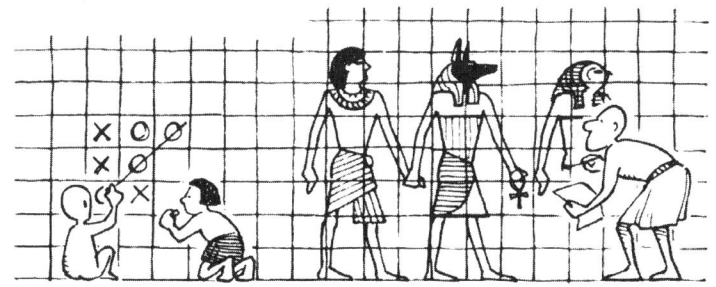

6. 이집트 스타일을 잘 기억해야 한다. 얼굴은 반면상, 즉 옆을 보게 그려야 하지만, 눈은 정면을 보고 있어야 한다. 다리는 옆으로 향하게 그려야 좀더 그럴 듯하다. 어깨는 양쪽이 다 보이게 그려야 좋다. 중요한 사람일수록 크게 그린다. 따라서, 파라오를 제일 크게 그린다.

모눈종이에다 위에 있는 그림을 옮겨 보자. 친구들과 함께 작업하면 벽화를 그릴 수도 있다.

※ **주의** : 거실 벽에다 그릴 생각이라면 먼저 부모님께 여쭈어 볼 것. 안 그랬다간 여러분도 저 세상 사람이 될지 모르니까!

사후의 삶을 꿈꾼 이집트 인

미라에 얽힌 비밀

1. 미라(mirra)는 아라비아 어로 '역청' 이라는 뜻이다. 역청은 타르 비슷한 물질로, 귀한 약으로 사용되었다. 근세에 미라를 최초로 발견한 사람이 아랍 인인데, 그들은 미라 표면에다 역청을 칠했다고 생각했다.

2. 이집트인은 언젠가 이 세상이 끝날 거라고 생각했다. 이 세상이 끝나면 다음 세상으로 옮겨 갈 것이다. 그런데 다음 세상까지 먼 길을 여행하려면, 이 세상에서 쓰던 육신이 필요하다. 육신이 썩어 버리면 다음 세상으로 갈 수 없으니까.

3. 시체를 방부 처리해서 미라로 만드는 일을 전문적으로 하는 '미라장이' 들이 있었다. 이들은 '아름다운 집' 이라는 곳으로 시체를 가지고 가서 작업을 했다. '아름다운 집' 은 사실은 정육점 비슷한 곳이었다.

4. 처음에는 돈 많은 부자만 미라가 될 수 있었다. 나중에는 미라 제작이 큰 사업이 되었으며, 가난한 사람도 미라가 될 수 있다는 희망을 가지게 되었다.

5. 이집트의 기후는 시체를 보존하기에 좋은 조건을 갖추고

있다. 5000년 전에 가난한 농부가 죽어 사막에 묻힌 적이 있는데, 미라보다 보존 상태가 좋아 현재 대영 박물관에 전시돼 있다. 이 농부에게는 '진저(Ginger)' 라는 별명이 붙었다.

6. 사람의 몸은 75%가 물로 이루어져 있다. 그런데 축축한 것은 아무래도 빨리 상하게 마련이다. 햇볕이 뜨겁게 내리쬐는 이집트에 살던 사람들도 예외가 아니었다. 그래서 몸 속에 들어 있는 수분을 제거하는 방법이 필요했다. 미라장이들은 처음에는 모래를 사용했지만, 피부가 너무 팽팽해졌다. 훗날 그들은 카이로 근처의 호수 주변에서 짭짤한 물질을 발견했는데, 그것은 탄산소다였다. 이것을 사용하면 시신을 생전 모습 그대로 보존할 수 있었다.

7. 미라장이들이 실수를 하는 바람에 미라가 엉망이 되는 경우도 있었다. 어떤 경우에는 시신이 시커멓게 변하고, 딱딱해져서 일부분이 떨어져 나가기도 했다! 신체 일부분이 썩어 없어지거나 자칼이 몰래 들어와 한 조각을 물어 갈 경우, 미라장이들은 천 뭉치나 나무 조각으로 그 부분을 메웠다. 원래 신체 일부분이 없었던 사람에게도 다음 세상에서 쓸 수 있도록 그 부분을 나무로 만들어 주었다.

8. 고고학자들이 측정한 바에 따르면, 미라는 수천 m의 천으

로 둘둘 말려 있는데, 스무 겹이나 되는 경우도 있다고 한다.
9. 미라를 조사해 보면 생전의 모습이 어떠했는지 알 수 있다. 람세스(Ramses) 2세는 얼굴에 검은 점이 많았고, 람세스 3세는 아주 뚱뚱했다. 세케넨레(Sequenenre) 2세는 끔찍하게 죽

었다. 머리에 상처가 많았는데, 두개골을 관통한 상처도 한 군데 있었다. 머리카락에는 아직도 피가 말라붙어 있었고, 얼굴은 고통스러운 나머지 일그러져 있었다. 잠을 자다가 살해되었을 것이라는 주장도 있고, 전사했을 것이라는 주장도 있다. 어쨌거나 머리카락을 제대로 씻을 틈도 없었을 만큼 급히 미라로 만들어졌던 것으로 보인다.

10. 19세기 빅토리아 여왕 시대에 영국 사람들은 옹기종기 모여서 미라의 붕대를 푸는 과정을 지켜보곤 했다! 왕립 의과대학의 페티그루(Pettigrew) 박사가 이 과정을 공개했다. 아주 추운 1월의 밤이었는데도 표가 매진되었고, 유명 인사들 중에는 입장하지 못한 사람들도 많았다. 캔터베리 대주교도 입장하지 못했을 정도니까! '공연' 후에는 다과까지 제공되었다. 그런데 페티그루 박사가 공개한 미라들 중 하나는 누더기와 막대를 붕대로 말아 놓은 가짜였다.

11. 해밀턴(Hamilton) 공작은 '미라 전문가' 페티그루 박사의 작업을 보고 깊은 감명을 받은 나머지, 자기가 죽으면 미라로 만들어 달라고 부탁했다. 박사는 20년 동안 미라의 붕대를 풀어 오다가 마침내 직접 미라를 만들 기회를 얻은 것이었다. 공작이 1852년 8월 18일에 세상을 떠나자, 박사는 미라 작업을 시작했다. 공작은 이미 고대 이집트식 석관까지 준비해 놓은 상태였다. 그러나 그 후 관이 공개된 적이 없기 때문에, 페티그루 박사가 이집트 인처럼 능숙한 솜씨로 미라를 만들었는지는 확인할 길이 없다.

12. 이집트 인은 그 후 기독교로, 그리고 다시 이슬람교로 개종하면서 후세에 살아남기 위해 육신이 필요하다는 생각을 버리게 되었다. 따라서, 더 이상 미라를 만들 필요가 없어졌다.

미라를 만드는 과정

지금까지 발견된 증거와 이집트를 여행한 그리스의 역사가 헤로도토스(Herodotos)의 기록에 따르면, 미라는 다음과 같은 과정을 거쳐서 만들어진 것으로 추측된다.

※ **경고** : 과정이 아주 지저분하니까 절대로 부엌에서 실험하지 말 것! 물론 학교 실험실에서 해서도 절대 안 된다!

1. 먼저 죽은 파라오를 구한다.
2. 시신을 '아름다운 집'으로 가져간다. '아름다운 집'은 통풍이 잘 되도록 대부분 천막으로 만들었다.
3. 옷을 벗기고, 나무 탁자 위에 올려놓는다. 그 탁자는 미라 수술대가 된다. 탁자 윗면이 반드시 판자여야 할 필요는 없다. 나무 막대가 듬성듬성 걸쳐진 탁자라면 시신 아래로 붕대를 감기가 쉽다.
4. 왼쪽 콧구멍 속으로 끌을 집어넣어 두개골까지 구멍을 뚫은 다음, 두뇌를 꺼낸다.

"그들은 먼저 쇠갈고리를 집어 그것을 콧구멍 속으로 넣어서 두뇌를 꺼냈다."

　　　　—헤로도토스, 기원전 455년에 이집트를 여행하고 나서

미라장이들은 왼쪽 눈구멍으로 갈고리가 달린 철사를 집어넣기도 했다. 철사가 두개골에 닿으면 흔들어서 뇌를 여러 조각으로 쪼갠다. 그리고는 끝이 컵 모양으로 된 막대를 집어넣어 여러 조각으로 나뉜 뇌를 끌어 낸다.

꺼낸 뇌는 버려도 되고, 고양이 먹이로 주어도 된다(이집트인은 다음 세상에서 뇌는 별로 필요 없다고 생각했나).

5. 텅 빈 두개골을 탄산소다와 회반죽으로 채운다. 그러면 아주 단단하게 굳는다.

6. 복부를 절개한다. 이 작업을 하는 사람을 따로 '절개장이'라고 불렀다.

"그들은 뱃속에 들어 있는 내용물을 모두 꺼낸 뒤, 야자술로 뱃속을 깨끗하게 씻는다. 그 후, 몰약과 기타 향료로 구멍을 채우고, 절개한 부위를 꿰맨다. 시신을 70일 동안 탄산소다에 담가 두었다가 깨끗하게 씻은 다음, 고무를 칠한 고급 붕대로 머리에서 발끝까지 감는다."
—헤로도토스

(붕대의 크기가 375 ㎡나 되는 경우도 있었다. 얼마나 큰지 상상이 안 간다고? 농구 코트를 덮고도 남는다면 이해가 좀 가는가?)

7. 경우에 따라 주문이나 기도를 파피루스에 적어서 붕대로 감을 수도 있고, 붕대 위에 직접 잉크로 기도문을 쓸 수도 있다. 이렇게 하면 악령을 쫓을 수 있다. 그렇지만 도굴꾼을 쫓지는 못한다.

8. 눈은 반질반질하게 닦은 검은색 돌로 바꿔도 된다(람세스 4세의 미라를 풀어 보았더니, 그의 눈은 작은 양파 두 개로 바뀌어 있었다!).

9. 시체의 모양이 흐트러지지 않도록 속을 헝겊으로 채운 뒤에 꿰맨다. 몸 속에는 심장만 남겨 놓는다. 아주 중요한 절차니까 잊어버리면 안 된다! 왕이 다음 세상으로 가면, 심장의 무게를 달아 봐야 하니까.

10. 머리에 씌울 마스크를 만든다. 생전의 모습과 비슷해야 한다. 그리고 금으로 덮어야 한다. 그러므로 왕이 숨을 거두기 전에 미라 만드는 비용을 확실히 받아 두도록!

11. 미라를 관 속에 넣는다(관 속의 관 속의 관 속에 넣을 수도 있다).

12. 위, 간, 장, 폐를 카노푸스(Canopus) 단지 안에 담고(60쪽 참조), 탄산소다를 넣은 뒤 봉한다.

13. 미라의 입을 여는 의식을 거행한다. 입을 열어 놓지 않으면, 미라가 다음 세상에서 음식을 먹거나 물을 마시거나 말을 하거나 숨을 쉴 수 없다.

14. 관 뚜껑을 덮는다. 관을 무덤이나 피라미드 안에 넣은 뒤, 입구를 막는다. 이것은 도굴꾼의 침입을 막기 위해서이다(미라가 안에서 빠져 나오지 못하면 어떻게 하나 걱정할 필요는 없다. 미라에게는 '바'라고 부르는 영혼이 있어서 마음대로 무덤을 들락날락할 수 있기 때문이다. '바'가 뭔지는 보면 알 수 있다. 머리는 인간이지만 몸은 새이다).

15. 고인을 위해 노래를 부른다. 한 가지를 소개하면 이렇다.

"오, 신이시여, 이 사람을 당신의 집으로 인도하소서,
당신이 듣는 것을 이 사람도 듣게 하시고,
당신이 보는 것을 이 사람도 보게 하시고,
당신이 서 있는 곳에 이 사람도 서게 하시고,
당신이 자리에 앉을 때면 이 사람도 앉게 하소서."

(고대 이집트의 노래 가락은 아무도 모르니까 멜로디는 여러분 마음대로 만들 것. 이집트인은 아마 탬버린과 북을 곁들여 웅얼웅얼 불렀을 것이다.)

16. 최고급 술과 음식을 준비하고, 흥을 돋우는 사람과 마법사를 불러 장례식 잔치를 벌인다. 아는 사람은 모두 초대한다. 미라만 빼고!

미라의 운명

　미라가 관 속으로 들어가면 관은 무덤으로 운반된다. 그러면 죽은 자는 '두아트'라는 위험한 지역을 건너가야 한다. 두아트에는 괴물, 펄펄 끓는 호수, 불의 강이 있다. 독을 내뿜는 뱀이 특히 귀찮게 따라붙는다. 상황에 따라 적당히 주문을 외우면 괴물을 물리칠 수 있다. 그런 이유로 이집트 종이(파피루스)에다 주문을 적어서 관 근처에다 놔 두는 것이다. 그런 주문들을 적은 종이가 바로 앞에서 나온 '사자의 서'이다.

괴물들을 물리치면 '야루(이집트인이 상상했던 다음 세상)'의 문 앞에 도착하고, 친구들을 다시 만날 수 있다. 그러나 그 전에 '두 가지 진실의 방'에서 가장 어려운 관문을 통과해야 한다.

이 곳은 바로 심장의 무게를 다는 곳이다. 저울의 한쪽에는 심장을 올려놓고, 다른 쪽에는 '진실의 깃털'을 올려놓는다. '진실의 깃털'에는 죽은 사람이 전생에서 했던 거짓말이 모두 담겨 있다. 오시리스(Osiris), 아누비스(Anubis), 토트(Thoth)라는 세 신이 무게를 잰다.

심장이 시험을 통과하면, 죽은 자는 '야루'의 관문을 통과할 수 있다. 그러나 관문을 통과하지 못하면, 아마메트라는 무시무시한 괴물이 심장을 먹어 버린다. 이 괴물은 악어의 머리, 하마의 다리, 사자의 갈기를 합쳐 놓은 모습이다.

일단 이 괴물이 심장을 먹어 버리면, 그 사람은 영원히 구천을 맴돌게 된다!

카노푸스 단지를 만드는 방법

　내장은 아주 지저분하기 때문에 특수 용기에다 깔끔하게 담아 놓는 게 좋다. 이집트 인은 진흙으로 카노푸스 단지를 만들었다. 여러분도 플라스틱 용기를 이용하여 직접 카노푸스 단지를 만들 수 있다.

준비물 : 설거지용 세제 통,
물감, 찰흙, 도화지,
모래나 조약돌,
풀

만드는 방법 :
1. 세제 뚜껑을 열고 속을 깨끗하게 씻는다.
2. 도화지로 통을 감은 다음, 모양에 맞게 잘라 낸다.
3. 도화지 위에 상형 문자, 이집트식 그림과 부호를 그린다. 이 책을 여기저기 뒤져 보면 마음에 드는 그림이 있을 것이다.
4. 풀로 도화지를 통에 붙인다.

5. 카노푸스 단지가 움직이지 않도록 통 안에다 모래나 조약돌을 넣는다.

6. 찰흙으로 뚜껑을 만든다. 뚜껑의 모양은 아래에 소개한 호루스(Horus) 신의 네 아들 중 하나를 본떠 만든다.

임세티(Imsety) : 간을 지켜 주는 이집트인

두아무테프(Duamutef) : 위를 지켜 주는 자칼

케베세누에프(Qebehsenuef) : 장을 지켜 주는 매

하피(Hapi) : 폐를 지켜 주는 개코원숭이

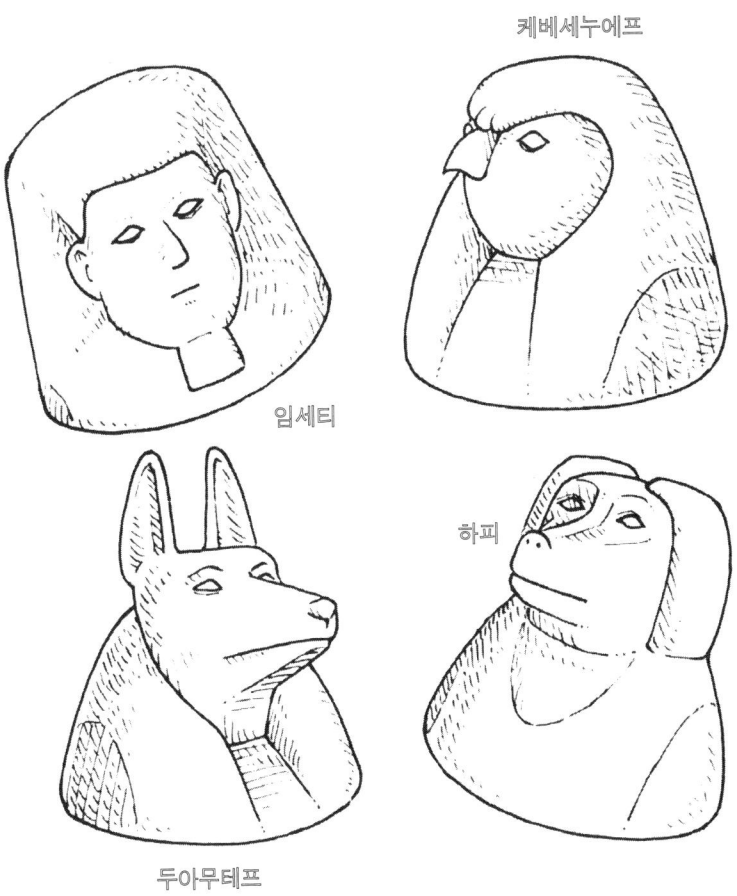

미라의 특수한 용도

마법의 가루

영국 왕 찰스 2세(1630~1685)는 자신이 수집한 미라에서 떨어져 나온 먼지나 가루를 긁어 모았다. 그는 그것을 온몸에 발랐다. 그렇게 하면 미라가 지니고 있는 '위대한 고대의 영혼'이 자기에게 스며든다고 생각했던 것.

연료

1800년대에는 발굴된 미라가 아주 많아 흔해 빠진 물건이 되었다. 그래서 나무나 석탄이 모자랄 때, 증기 기관차의 땔감으로 사용되기도 했다. 테베 지방의 가난한 사람들은 미라의 붕대를 풀어서 부엌에 불을 때는 데 썼다.

장식품

빅토리아 시대에는 미라의 손이나 발을 담은 상자를 벽난로 위에 올려놓는 게 유행이었다.

마법의 재료

윌리엄 셰익스피어(William Shakespeare)는 미라의 이 용도를 알고 있었다. 그의 희곡 '맥베스'에는 마녀가 약을 만들 때 미라를 재료로 쓰는 장면이 나온다.

그림 그릴 때

16세기의 화가들은 미라 가루를 섞으면 그림이 마를 때 갈라지지 않는다고 생각했다.

미라의 사용법 안내서

약

13세기 초에서 17세기까지 환자들은 미라를 잘라 내 약으로 먹었다. 미라는 뼈가 부러졌을 때에는 물론이고 해독제로도 쓰였으며, 만병 통치약처럼 사용되었다. 외국으로 유출되는 미라가 너무 많아지자, 16세기 말에 이집트 정부는 수출을 금지하였다. 그러자 이집트의 미라 판매상들은 아무 시체나 가져다가 가짜 미라를 만들었다. 한 프랑스인 방문객은 미라 공장에서 가짜 미라 40구를 봤다고 한다.

과학적 용도

영국의 과학자 마크 아먼드 루퍼(Marc Armand Ruffer)는 미라를 조사함으로써 고대 이집트인이 걸렸던 질병을 알 수 있을 것이라고 생각했다. 그 결과, 이집트인은 현대인과 비슷한 질병을 많이 앓았다는 사실을 밝혀 냈다.

종이 제조

미라를 감싼 붕대는 고급 종이를 만드는 데 사용되었다. 이집트 유목민 베두인족은 미라를 훔쳐다가 종이 공장에다 팔아 넘겼다. 미국의 종이 제조업자 오거스터스 스탠우드(Augustus Stanwood)는 19세기 말까지도 미라를 수입해 붕대로 종이를 만드는 데 사용했다. 얼룩이 있어서 편지지로 만들 수 없는 붕대의 경우에는 갈색 포장지로 만들어서 정육점과 식료품 가게 주인에게 팔았다. 그러나 무서운 전염병인 콜레라가 발생했을 때, 그 원인이 미라를 감싸고 있던 붕대로 밝혀지자, 이 사업은 중단되었다. 콜레라로 목숨을 잃은 사람들도 꽤 있었는데, 그것도 미라의 복수일까?

여러분은 미라를 어떤 용도로 사용하고 싶은가? 마네킹이나 서랍장, 허수아비, 혹은 선생님을 겁주는 데 등에 사용할 수 있을 것이다.

미라로 돈을 번 사람

미라와 이집트 유물의 거래에 깊숙이 관여하는 사람들이 있다. 그들은 고리타분한 고고학자가 아니라, 바로 이집트 유물에서 돈을 쉽게 벌 수 있는 방법을 찾아 낸 사람들이었다.

조반니 벨조니 (Giovanni Belzoni)

벨조니는 키가 2미터가 넘는 거인이었다. 덩치 때문에 그는 서커스단에서 힘센 사람 역할을 주로 맡았다. 그러다가 기계를 팔기 위해 이집트로 건너갔는데, 거기서 그는 무덤의 유물을 팔면 부자가 될 수 있겠다는 생각을 했다.

그가 한 일 중 가장 유명한 것은 람세스 2세의 석상을 싣고 사막을 넘고 나일 강을 따라 내려가 바다를 건너 영국까지 운반한 것이다. 그 석상은 현재 런던의 대영 박물관에 보관되어 있다.

이집트를 떠나기 전에 벨조니는 이런 질문을 받았다.

"유럽에는 돌이 그렇게 모자라서 우리 나라의 돌을 가지고 가는 겁니까?"

"아뇨. 이집트 돌이 더 좋거든요."

그러나 벨조니도 의심스러운 물건에는 손을 대지 않았다. 이를테면 다음과 같은 것……

진저

51쪽에 소개했던 진저는 여러분도 기억하고 있겠지? 진저에 관해서는 대단한 소문이 나돌았다.

대영 박물관은 미라를 수집하고 있었다. 보존 상태가 좋은 미라는 이미 여럿 수집되었다. 그런데 박물관측은 파라오들이 피라미드를 건설하기 전에 만들어진 미라를 구하고자 했다.

이집트 평민들이 그냥 사막에 묻혔다는 사실은 잘 알려져 있었다. 어디서 그런 미라를 찾을 수 있을까?

박물관 사람들은 이집트 골동품 거래상을 한 명 알고 있었다. 그 사람은 불그스름한 갈색 머리의 미라를 한 구 발견했는데, 그 미라가 바로 진저였다. 진저는 지금도 대영 박물관에 보관돼 있다.

그런데 이 사람은 박물관에서 원하는 물건을 구하지 못할 경우, 위조품을 팔아 넘기는 것으로 악명이 높았다.

그가 시체를 '위조' 하지 않았다고 확신할 수 있을까? 혹시 어떤 가엾은 사람을 죽인 뒤, 5000년 전의 미라라고 대영 박물관에 속여 판 것은 아닐까? 물론 정확한 것은 알 수 없다.

만약 누굴 죽였다면, 그는 누굴 죽였을까? 진저가 발견될 무렵, 그의 동생이 자취를 감췄다고 한다. 혹시……?

더욱 소름끼치는 미라 사건

프랑스 왕 루이 14세가 1715년에 숨을 거두자, 그의 심장은 유언에 따라 영구 보존되었다. 그런데 19세기에 영국 웨스트민스터 성당의 주교가 방부 처리된 그의 심장을 손에 넣었는데, 어느 날 저녁 이 심장으로 끼니를 해결했다고!

미라의 저주

과연 진짜로 미라의 저주가 존재하는가?

1922년 11월 26일

위대한 고고학자 하워드 카터(Howard Carter)는 도굴당하지 않은 파라오의 무덤을 찾아다니고 있었다. 대부분의 피라미드는 이미 오래 전에 도굴당해 텅 비어 있었다. 그러나 왕가의 계곡에는 비밀을 간직하고 있는 동굴이 아직 남아 있을 가능성이 있었다.

마침내 카터는 도굴당하지 않은 방에 이르는 입구를 찾아냈다. 그는 탐사대를 조직한 카나번(Carnavon) 경에게 발굴 작업이 성공하는 마지막 순간에 입회해 달라고 부탁했다. 카터는 그 당시 상황을 다음과 같이 기록했다.

> 나는 부들부들 떨리는 손으로 왼편 위쪽 구석에 작은 구멍을 뚫었다. 쇠막대기를 넣어 본 결과, 안은 컴컴하고 아무것도 없는 듯했다. 나는 구멍을 조금 넓힌 다음, 촛불을 들고 안을 쳐다보았다. 처음에는 아무것도 보이지 않았다. 방 쪽에서 뜨거운 바람이 불어와 촛불이 약간 흔들렸다. 눈이 점차 어둠에 적응하면서 안개를 뚫고 방 안의 모습이 서서히 보이기 시작했다. 이상하게 생긴 동물, 석상 그리고 금! 사방이 금으로 반짝였다. 나는 너무 황홀해서 할 말을 잊었다. 카나번 경이 걱정스런 말투로 물었다. "뭐가 좀 보입니까?" 나는 이 말밖에 할 수 없었다. "예, 아주 굉장한 게 보입니다."

카터는 그 후 몇 년 동안 작업을 벌인 끝에 20세기 최고의 유적을 발굴하였다. 그는 소년 왕 투탕카멘의 무덤을 발견한 것이다. 그러나 카터가 무덤에서 끄집어 낸 것은 무덤 가득히

들어 있던 뜨거운 바람뿐이었을까? 이집트의 사제들이 왕을 보호하기 위해 무덤 안에 넣어 두었던 3천 년 묵은 저주까지 끄집어 낸 것은 아니었을까?

파라오의 저주

그 후, 사건은 빠르게 진행되었다. 무덤을 발견한 사람들이 밖으로 나왔을 때에는 저녁 햇살이 내리비치고 있었다. 마지막 사람이 피라미드 밖으로 발을 내딛는 순간, 어디선가 모래 바람이 불어오더니 동굴 입구에서 소용돌이가 일어났다. 바람이 잔잔해지자, 이번에는 저 멀리서 서쪽으로 날아가는 매가 한 마리 보였다. 매는 이집트 왕가의 상징이었다. 그리고 서쪽은 이집트 인이 말하는 죽은 자의 땅이었다.

카나번 경은 1923년 4월 6일, 무덤을 발굴한 지 1년도 못 돼 죽었다. 모기가 왼쪽 뺨을 물었는데, 그 상처가 감염되는 바람에 숨을 거둔 것이다. 그 후, 의사들이 투탕카멘의 미라를 조사하다가 미라의 얼굴에서 이상한 자국을 발견했는데, 그것 역시 왼쪽 뺨에 있었다!

카나번 경이 이집트의 수도 카이로에서 세상을 떠나던 날

밤, 카이로 전체가 정전이 되면서 칠흑 같은 어둠으로 변했다. 같은 시각, 영국에서는 그가 기르던 개가 큰 소리로 짖더니 죽었다. "투탕카멘의 복수야!" 사람들은 이렇게 중얼거렸다.

그 후 몇 달 동안 그 무덤을 찾아갔던 사람들이 잇달아 죽자, 저주가 시작되었다는 소문이 더욱 무성해졌다. 그 중에는 파라오의 먼 후손인 이집트 왕자 알리 파미 베이도 있었다. 그는 런던의 어느 호텔에서 살해당했고, 그의 동생은 자살했다.

1929년에는 투탕카멘의 보물 목록 정리를 도왔던 리처드 베셀(Richard Bethell)이 사망했는데, 사망 원인은 자살로 추정되었다. 그로부터 몇 달 뒤, 신문에 베셀의 아버지가 사망했다는 소식이 실렸다. 그는 벌써 열아홉 번째 희생자였다.

올해 78세인 웨스트베리 경이 오늘 런던의 자기 아파트 7층에서 뛰어내려 그 자리에서 숨졌다. 웨스트베리 경의 아들은 투탕카멘의 무덤을 발굴한 고고학자 하워드 카터의 비서였는데, 지난 11월에 건강한 모습으로 잠자리에 들었다가 다음 날 아침에 숨진 채로 발견된 바 있다. 정확한 사망 원인은 아직까지 밝혀지지 않았나…….

웨스트베리 경은 자살하기 며칠 전에 "공포를 더 이상 견딜 수가 없다"는 글을 남겼다. 경찰은 그가 뛰어내린 방을 조사하여 돌 항아리를 발견했다. 그것은 투탕카멘의 무덤에 있던 항아리였다.

그 뒤로 사망자 명단은 계속 늘어났다. 미라를 X선으로 촬영하려던 고고학자 아치볼드 레이드(Archibald Reid)마저 숨을 거두자, 각 일간지마다 이런 기사를 1면에 실었다. "영국 전역이 두려움에 떨고 있다!"

이집트학자 아서 웨이걸(Arthur Weigall)이 '원인 모를 열병'으로 숨을 거두어 스물한 번째 희생자가 되었다. 심지어는 이름만 '카터'인 어느 미국인이 아무 이유 없이 죽자, 그것마저 투탕카멘의 탓으로 생각하는 사람들도 있었다.

저주의 진상

하워드 카터는 파라오의 저주라는 기사를 보고 "말도 안 되는 이야기"라며, 사람들의 호기심을 자극하려고 지어 낸 이야기라고 주장하였다.

카터는 1939년에 노환으로 세상을 떠났다. 무덤에 제일 먼저 발을 들여 놓은 장본인이니, 저주가 사실이라면 카터가 제일 먼저 희생되어야 하지 않겠는가? 카터를 도왔던 사람들 중에서도 장수를 누린 사람이 몇 명 있다. 투탕카멘의 시신을 부검했던 데리(Derry) 박사는 88세까지 살았다.

1933년, 독일의 게오르크 슈타인도르프(Georg Steindorff) 교수는 저주의 진상을 조사했다. 그 결과, 웨스트베리 경도 그의 아들도 무덤이나 미라와는 거의 아무 상관이 없다는 사실이 드러났다. 그리고 리처드 베셀의 경우, 자살이 아니라 돌연사했을 가능성이 높았다. 이름이 카터인 그 미국인도 하워드 카터와는 아무런 상관이 없는 인물임이 밝혀졌다.

미라에는 '저주'가 깃들여 있지 않았다. 미라와 함께 묻힌 마법의 주문은 파라오의 적을 죽이려는 게 아니라 겁을 주는 게 목적이며, 세상을 떠난 왕이 다음 세상에서도 건강하기를 기원하는 내용이었다.

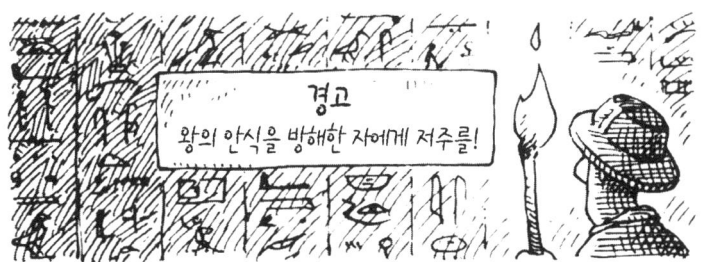

그래도 끝나지 않은 이야기

 그러나 사람들의 호기심을 자극하는 이야기는 쉽게 사그라들지 않는다. 그래서 사람들은 공포 영화를 좋아하는지도 모르지. 그런 사람들에게 걸어다니는 미라보다 더 자극적인 괴물은 없었다. 1966년, 신문들이 다시 시끄러워지기 시작했다. 이집트 정부가 투탕카멘의 보물을 파리 박물관에 대여하기로 결정했기 때문이다. 이집트 박물관장인 모하메드 이브라함 (Mohammed Ibraham)은 꿈 속에서 그 보물을 이집트 밖으로 내보냈다가는 끔찍한 죽음을 맞이하리라는 계시를 들었다. 겁에 질린 그는 대여를 결사적으로 반대했다. 그러나 최종 회의 결과, 예정대로 계획을 진행시키기로 결론이 났다. 모하메드는 회의장을 빠져 나가자마자 자동차에 치이는 사고를 당했으며, 이틀 후에 숨을 거뒀다.

여러분은 투탕카멘의 저주를 믿는가?

미라의 손

지난 100년 동안 '실화'라는 이름으로 미라와 관계 있는 이야기들이 많이 떠돌았다. 다음의 이야기는 그 중 하나인데, 과연 사실인지 아닌지 여러분이 직접 판단해 보기를!

카나번 경에게
하느님의 이름으로 몸조심하라고 당부하는 바일세! 고대 이집트인은 오늘날 우리로서는 이해할 수 없는 지식과 힘을 가지고 있었다네!

루이스 해먼 백작으로부터

이 편지를 읽은 카나번 경은 코방귀를 뀌었다.
"말도 안 되는 편지 때문에 탐사를 포기할 내가 아니지!"
카나번 경이 이끄는 탐사대는 투탕카멘의 눈부신 무덤을 발굴했는데, 넉 달 뒤에 카나번 경은 죽었다. 해먼 백작은 도대체 무슨 이유로 친구에게 몸조심하라는 편지를 보낸 걸까?
그것은 그가 다음과 같은 일을 겪었기 때문이다······.

9.

10. 그리하여 할로윈 데이인 10월 31일, 해먼은 옛날의 '사자의 서'에 들어 있던 기도문을 읊었다.
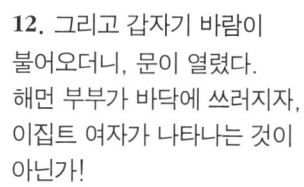

11. 그런데 해먼이 책을 덮는 순간, 집 전체가 정전이 되면서 돌풍이 집을 뒤흔들었다.

12. 그리고 갑자기 바람이 불어오더니, 문이 열렸다. 해먼 부부가 바닥에 쓰러지자, 이집트 여자가 나타나는 것이 아닌가!

13.

14. 그 여자는 손목을 주워 들고 사라졌다.

15.

16. 그 후, 미라의 손은 보이지 않았고, 해먼은 친구에게 편지를 쓰기로 결심했다.

그러나 카나번은 친구의 말을 믿지 않았고, 결국 불의의 죽음을 당하고 말았다.

간 큰 도굴꾼들

파라오는 미라를 안전하게 보관하기 위해 피라미드를 만들었지만, 도굴꾼들은 용케도 피라미드를 뚫고 들어와 파라오와 함께 묻힌 보물을 훔쳐 가곤 했다. 그래서 파라오는 더 크고 더 튼튼하고 더 교묘한 피라미드를 만들게 되었다. 그래도 도굴꾼들은 포기하지 않았다. 그들의 손에 털리지 않은 피라미드는 거의 없었다.

결국에는 파라오 쪽에서 손을 들고 말았다. 피라미드를 세우는 것은 오히려 "내 무덤이 여기 있으니, 어서 와서 보물을 꺼내 가라"는 커다란 광고판을 세우는 것과 같다는 사실을 깨달은 것이다. 유일한 해결책은 무덤을 숨기는 것밖에 없었다. 파라오는 바위 밑으로 몰래 동굴을 뚫어서 무덤을 만드는 것으로 방식을 바꿨다.

이집트인은 도굴꾼들 때문에 피라미드 건설을 중단했다. 그러나 무덤을 만드는 사람들과 무덤을 터는 사람들 사이에 벌어진 치열한 전쟁에서 도굴꾼이 일방적인 승리를 거둔 것은 아니다.

미라의 복수

그는 드디어 목표물에 도착했다. 석관이 눈앞에 놓여 있었다. 그 안에는 사람들이 모르는 보물이 담겨 있을지도 모른다. 아마 평생 쓰고도 남을 만한 금이 숨겨져 있지 않을까?

관 뚜껑은 아주 무거웠다. 그는 끙끙대며 뚜껑을 들어올렸다. 잔잔하던 무덤 속의 공기가 그의 움직임에 따라 어지럽게 움직였다. 천장에서 먼지와 자갈이 떨어졌다. 마침내 뚜껑이 조금씩 열리기 시작했다. 그는 잠시 숨을 돌렸다가 다시 작업을 시작했다. 틈이 점점 커졌다. 그는 너무나 흥분한 나머지, 석회암으로 만든 지붕에서 돌이 떨어지는 것도 몰랐다.

뚜껑을 다시 들어올렸다. "끼이이익!" 하는 소리가 무덤 속에서 울려 퍼졌다. 그는 관 속으로 손을 넣었다. 다시 "끼이이익!" 하는 소리가 들렸다. 그러나 이번에는 관 뚜껑에서 나는 소리가 아니었다. 무덤을 덮고 있던 지붕에서 나는 소리였다. 억지로 무덤을 뚫고 들어오는 바람에 지붕이 약해진 것이다. 커다란 지붕 석판이 무너지기 시작했다.

그는 관 속에 넣었던 손을 빼려고 했지만, 너무 늦었다. 지붕 석판이 떨어지면서 그를 덮쳤다. 그는 관 속에서 주먹을 꼭 쥔 채 죽고 말았다.

1970년, 고고학자들이 돌을 치우고 관을 발견했을 때, 이 남자도 함께 발견되었다. 갈가리 찢긴 코트가 해골을 감싸고 있었다. 뼈만 남은 손은 아직도 관 속에 들어 있었다. 코트 주머니 속을 뒤지던 사람들은 깜짝 놀랐다. 이 도굴꾼이 언제 죽었는지 알려 주는 물건이 들어 있었던 것이다.

어떤 물건이었느냐고? 신문지 조각이었다. 이 도굴꾼은 관 속에 손을 넣은 채 1944년에 저 세상으로 떠난 것이다!

도굴꾼을 위한 지침서

여러분이 수천 년 전에 살고 있다고 상상해 보자. 고대 이집트를 여행하고 있는데, 그만 돈이 떨어졌다. 피라미드나 바위 무덤을 털어 슬쩍 도망치면 이 문제를 간단히 해결할 수 있다. 그러려면 몇 가지 요령을 알아야 한다.

1. 무덤을 털다 붙잡히면 무서운 처벌이 뒤따른다는 사실을 명심해야 한다. 고문을 당한 뒤 처형당하니, 아주 조심할 것!

2. 실행에 옮기기 전에 돈을 써야 할 곳이 몇 군데 있다. 아깝더라도 성공하면 평생 돈방석에 앉게 된다는 걸 생각해야지. 그러려면 먼저 그 지방의 관리들을 구워 삶아 놓아야 한다. 돈이 들더라도 관리들과 친분을 쌓아 두는 게 좋다.

3. 사람을 7~8명 모은다. 저마다 재주가 한 가지씩 있는 사람들이면 더욱 좋다. 다음과 같이 팀을 조직한다.

- 돌을 깰 줄 아는 전문 채석공 두세 명
- 금은을 녹일 대장장이 한 명
- 무덤이 있는 곳을 안내하고, 보초 역할을 할 뱃사공 한 명
- 채석공이 작업할 수 있도록 물을 날라 주는 사람 몇 명

4. 가능하면 뒷문으로 들어가는 게 좋다. 그래야 사제들이 눈치챌 때까지 시간을 벌 수 있을 테니까. 사제들은 정문만 점검하고, 입구가 열린 흔적이 없으면 미라가 안전하다고 생각한다. 사제들이 그렇게 착각하고 있는 한, 여러분은 안전하다!

5. 무덤과 관련이 있는 사람들을 모조리 매수한다.

- **관을 짜는 사람** 관을 짤 때, 관의 한쪽 구석에 미리 조그맣게 비밀 문을 만들어 놓을 수 있다. 그러면 봉인을 부수고 관 뚜껑을 열어서 미라를 꺼낼 필요가 없다. 비밀 문을 열고 미라를 살짝 꺼내기만 하면 되니까.

- **무덤의 입구를 막는 사람** 이 사람은 무덤 속으로 들어가는 문 세 군데를 막는다. 마지막 입구를 막을 때에만 죽은 자의 가족이 지켜본다. 그러니까 이 사람을 매수하면, 안쪽 문 두 개는 막지 않을 것이다. 그러면 훨씬 쉽게 무덤 안으로 들어갈 수 있겠지?
- **무덤을 지키는 보초** 보초는 정말 따분한 직업이다. 도굴꾼이 돈을 좀 주면 보초들의 생활에도 활기가 생길 것이다. 그러나 무덤을 털고 난 뒤에 똑같이 원상 복구하는 걸 잊으면 안 된다! 그래야 여러분이 무덤을 털고 난 뒤에도 보초들이 아무것도 모르는 척해 줄 수 있지.
- **사제들** 이 사람들은 부자이다. 따라서, 여러분이 무덤 안으로 들어갈 때, 이 사람들을 '눈감고' 있게 하려면 아주 많은 돈을 줘야 할 것이다.
- **궁전 관리들** 여러분이 무덤을 털었다는 소문이 들리면 궁전 관리들이 잡으러 올 것이다. 제일 먼저 이 사람들부터 매수하는 게 좋다. 여러분을 위해 거짓말을 해 줄 테니까. 예를 들어 "무덤을 조사해 봤는데, 전혀 달라진 게 없었다"고 말해 주면, 여러분은 손쉽게 혐의를 벗어날 수 있다.

6. 그 밖에 몇 가지 술수도 배우자. 무덤 속에 들어 있는 금을 가장 빨리 훔칠 수 있는 방법이 있다. 무덤에 불을 지르는 것이다! 그러면 나무는 모두 재가 되고, 금이 녹아서 흘러내릴 것이다. 녹았던 금이 식어서 굳으면, 재를 털고 실어 나르기만 하면 된다. 굉장하지?

7. 보따리 상인과 거래한다. 이들은 여러분이 훔친 보물을 사면서 난처한 질문을 던지지도 않으며, 여러분을 배신하지도 않는다(20세기에는 이런 상인들을 '장물아비'라 부른다).

8. 보물을 한꺼번에 처분하면 안 된다. 갑자기 부자가 되는 바람에 정체가 탄로난 도굴꾼들이 많다. 갑자기 돈이 많아지면, 그 돈이 어디서 났는지 궁금해 하는 사람들이 많으니까.

9. 무덤을 만든 사람처럼 무덤의 통로와 방을 속속들이 알고 있어야 한다. 무덤을 만드는 사람에서 무덤을 터는 사람으로 변신한 사람들도 많다. 봉급이 안 나오면 굶을 수밖에 없으니까 말이다. 이들은 파업을 벌이고 "먹을 것을 달라!"고 외치면서 관리들이 사는 집까지 시위 행진을 했다. 이 시위가 실패하면 결국 자기가 만든 무덤을 털었다.

10. 가장 좋은 방법은 매장하기 전에 시신을 훔치는 것. 언젠가 어떤 사람이 파라오의 어머니 시신을 매장하기 전에 훔친 적이 있었다. 그 때에는 아마 다음과 같은 일이 벌어졌겠지.

엄마야! 엄마가 없어졌다!

쿠푸는 허영심이 많은 왕이었다고 한다. 오랜 세월 동안 파라오들은 피라미드를 만들어 그 안에 묻혔다. 피라미드는 이집트의 자랑거리였지만, 쿠푸 왕은 그 중에서도 최고가 되고 싶었다.

"내가 묻힐 피라미드는 그 어떤 것보다 커야 한다. 나는 이집트에서 가장 큰 피라미드, 아니 세계에서 가장 큰 피라미드를 만들 것이다."

최고 대신인 유세프가 미소를 지으며 허리를 숙였다.

"당연히 그러셔야죠, 폐하. 가장 위대하신 파라오에게는 가장 큰 피라미드가 어울립죠. 제가 책임지고 만들어 드리겠습니다."

그러면 유세프는 이집트에서 가장 큰 권력을 누릴 수 있다. 물론 쿠푸 다음이긴 하지만. 그렇지만 유세프는 쿠푸를 언제든지 마음대로 주무를 수 있었다.

"또한, 내 피라미드는 안전해야 한다! 다음 세상에서는 도굴꾼의 방해를 받지 않고 영원히 평화롭게 누워 있고 싶다."

"이 세상에서 제일 안전한 무덤으로 만들겠습니다, 폐하."

"그리고 가장 커야 해!"

"제일 큰 무덤으로 만들겠습니다, 폐하!"

유세프는 절을 하고 나와 작업에 착수했다.

쿠푸의 어머니인 헤테페레스는 한숨을 내쉬었다.

"얘야, 난 그 피라미드가 완성되는 걸 못 보고 눈을 감을 것 같구나."

"지금 세상에서는 못 보실지 모르지만, 다음 세상에 가시면 하늘에서 보실 수 있을 거예요. 그리고 언젠가는 저도 다음 세상에서 어머님을 만나게 될 테고요."

쿠푸가 이렇게 약속했다.

"도굴꾼이 없어야 할 텐데."

"도굴꾼은 제 피라미드에 발도 들여 놓지 못할 것입니다!"

쿠푸가 자신 있게 말했다.

헤테페레스가 다시 한숨을 내쉬면서 말했다.

"내가 걱정하는 건 내 무덤이야. 네 무덤이 아니고."

쿠푸가 벌떡 일어났다.

"어머니, 모든 신의 이름을 걸고 어머님의 무덤도 제 무덤처럼 안전하게 만들어 드리겠다고 약속할게요!"

"그랬으면 좋겠구나."

헤테페레스가 슬픈 듯이 고개를 저으며 말했다.

쿠푸의 대피라미드는 차츰 모습을 갖추기 시작했다. 뜨거운 바람에 사하라 사막의 모래가 밀려가듯이 세월도 흘러갔다. 그리고 헤테페레스는 숨을 거뒀다.

큰 슬픔에 잠긴 쿠푸는 왕에 못지않은 성대한 장례식을 치러 주었다. 수많은 인파가 다슈르의 먼지 날리는 길가에 늘어서서 안식처로 마지막 여행을 떠나는 헤테페레스의 모습을 지켜보았다. 그들은 보석이 주렁주렁 달린 상자들, 금은으로 만든 조각상, 황금빛 가구 등이 헤테페레스의 뒤를 따라 무덤으로 들어가는 모습을 지켜보았다. 그리고 그 많은 보석 중에 한 조각만이라도 가졌으면 얼마나 좋을까 하고 생각했다.

무덤 입구는 거대한 바위들로 막혔고, 보초병들이 밤낮으로 지켰다. 안으로 들어갈 방법은 도저히 없어 보였다. 그렇지만 침입자가 있었다.

유세프가 이 끔찍한 소식을 쿠푸에게 알렸다. 왕은 울부짖었다. "어머님께 안전하게 모시겠다고 약속을 했는데! 어머님의 시신이 사라지면, 내가 다음 세상에서 어떻게 어머님을 뵐 수 있단 말이냐!"

왕은 성난 눈초리로 유세프를 노려보았다.

"이 일의 책임자를 모두 처형하겠다."

그러나 유세프는 조용히 말했다.

"그렇지만 시신은 안전합니다, 폐하. 아무도 처형시킬 필요가 없습니다."

"안전하다고?"

"관은 도둑맞지 않았습니다."

"그렇다면 다 오시리스 신과 이시스 신 덕분이지! 하지만,

이런 일이 다시 있어서는 안 된다. 제 2의 안식처를 만들어 드려야겠다. 아무도 모르는 곳에다 말이다. 나의 대피라미드 근처에 만들라. 제일 귀중한 보석들은 관 속에 있으니까."
"알겠습니다, 폐하!"
유세프가 빙그레 웃으며 말했다.
"제가 기발한 계획을 세워 놨습니다."
유세프의 계획은 정말로 기발했다. 너무나도 기발하고 은밀한 곳에 무덤을 만든 덕분에 헤테페레스의 무덤은 3000년 동안 베일에 가려 있었다. 도굴꾼과 고고학자들은 첫 번째 무덤에 대해 알고 있었고, 관이 옮겨졌다는 사실도 알고 있었다. 그들은 평생을 바쳐 두 번째 무덤을 찾아 헤맸다.
그러나 모두 헛수고였다. 그러다가…….

어느 사진 작가가 쿠푸의 대피라미드 근처에서 고고학자들이 발견한 유물을 촬영하고 있었다. 사진 작가는 단단한 바위 위에 카메라 삼각대를 올려놓았다. 그런데 삼각대의 한쪽 다리가 쑥 빠지는 것이 아닌가! 어떻게 이런 일이?
고고학자들이 바위를 덮고 있던 모래를 조심스럽게 붓으로 털어 냈다. 그건 바위가 아니라 회반죽이었다. 회반죽이 구멍을 교묘하게 막고 있었던 것이다. 그것을 걷어 내자, 거대한 돌들이 다시 입구를 막고 있었다. 그들은 하나씩 돌을 치웠다. 구멍은 꽤 깊었다. 쿠푸 왕의 일꾼들은 단단한 바위를 그토록

깊숙이 판 것이다.

30 m를 파 내려간 끝에 고고학자들은 마침내 방에 도착했다. 목제 가구는 이미 먼지로 변했지만, 흰 돌로 만든 관은 그대로 보존되어 있었다. 쿠푸가 비밀 무덤으로 옮기기 전에 보았던 그대로의 모습을 간직하고 있었다.

지하 무덤은 여덟 사람이 겨우 서 있을 정도의 크기밖에 안 되었다. 여덟 사람은 관이 열리는 순간을 지켜보았다. 세상에서 가장 오래 된 미라, 예수가 탄생하기 2500년 전에 묻힌 미라를 기대하면서.

그러나 관 속에 들어 있는 것은 은팔찌 두 개뿐이었다. 그 유명한 헤테페레스 왕비의 유물치고는 초라하기 짝이 없었다. 게다가, 미라도 없었다!

그 무덤을 뚫고 들어간 사람은 분명 아무도 없었다. 불쌍한 쿠푸 왕은 빈 관을 묻은 것이었다. 아마도 쿠푸는 지금도 저 세상을 헤매며 어머니를 찾고 있을 것이다. 그리고 교활한 대신이 미소를 머금고 그 모습을 지켜보고 있을 것이다.

오늘날의 도굴꾼

고대 이집트의 사제들이 달도 없는 캄캄한 어둠 속에서 살금살금 움직였다. 하인들은 엄청난 짐을 나르고 있었다. 그 짐은 서른 개나 되는 미라였다! 그러나 사제들은 도굴꾼이 아니라, 무덤을 지키려는 사람들이었다.

도굴꾼들은 왕가의 계곡에 찾아와 무덤 속에 들어 있던 보물을 모조리 훔쳐 갔다. 금만으로는 성에 안 찼는지 미라의 붕대를 풀고는 숨겨져 있던 보석까지 가지고 갔다. 누가 이런 도둑질을 하는지 모르는 사람이 없었지만, 아무도 말리지 못했다. 도굴꾼들은 높은 사람들과 친구였기 때문이다. 그래서 그들은 붙잡혔다가도 곧바로 풀려 나곤 했다.

왕족과 충직한 사제들은 신이나 다름없는 왕과 왕비들을 보호하기 위해 마지막 수단을 쓰는 수밖에 없었다. 그것은 바로 미라를 옮기는 것이었다. 이들은 도굴꾼들이 휩쓸고 간 무덤 속에 누워 있던 몇몇 위대한 왕들의 미라를 몰래 옮겨다가 험준한 계곡 깊숙이 파 놓은 비밀 무덤에 한꺼번에 묻었다.

누더기가 되어 버린 붕대를 다시 붙이고, 미라마다 새로 이름표를 달고, 남아 있던 보물들을 함께 묻었다. 그리고는 무덤을 막고, 입구를 감쪽같이 위장했다. 그 덕분에 수천 년 동안 도굴꾼들을 따돌릴 수 있었다.

역사학자들은 이렇게 옮겨진 30명의 왕과 왕비가 누군지 알아 냈다. 그러나 고고학자들은 그들이 어디에 묻혔는지 발견하지 못했다. 그러던 중 1880년대에 이르러 새롭게 등장한 도굴꾼 일당이 그 수수께끼를 해결했다.

모하메드의 이야기

모하메드는 지쳤다. 발가락이 너무 아파서 걸을 수가 없었다. 온몸은 멍투성이였다. 모하메드는 절름거리며 길을 걷다가 형의 집에 도착한 순간, 그대로 쓰러졌다. 형 아메드는 동생을 의자에다 앉힌 다음, 진한 커피를 건넸다.

"자백했니?" 아메드가 물었다.

그러자 모하메드는 형을 쏘아보았다.

"경찰들이 나를 밧줄로 묶더니 감방에다 던져 넣었어. 게다가, 발바닥을 어찌나 때리는지 불이 나는 줄 알았다니까!"

"그래서 자백했냐고?"

또 다른 형이 물었다. 모하메드는 쉰 목소리로 대답했다.

"아니! 돈이 어디서 났느냐고 묻길래, 일해서 벌었다고 했지. 그랬더니 또 때리더라구. 무덤에 있던 장식품을 도난당했는데, 나더러 뭐 아는 게 없느냐고 묻더군. 모른다고 시치미를 뗐지. 그랬더니 또 때리더군."

"정말 대단해, 모하메드 형!" 동생 아돌이 감탄하며 말했다.

"나 덕분에 너희들 모두가 무사한 줄 알아!" 모하메드가 우쭐대면서 말했다.

"그래, 고마워."

"얼마나 고마운데?"

"정말 고마워!"

"내 말은 입을 다문 대가로 얼마나 주겠느냐고?"

모하메드가 진한 커피를 계속 홀짝이며 묻자, 형제들은 어깨를 으쓱했다.

"우린 항상 돈을 나눠 가졌잖아. 다섯 사람이 똑같이."

"앞으로는 내가 반을 가질 거야."

형제들은 서로 얼굴을 쳐다봤다. 한 사람이 피식 웃었다. 또 한 사람이 그 뒤를 이었다. 형제들은 모두 웃음을 터뜨렸다. 잠시 후, 정신을 차린 아메드가 입을 열었다.

"1871년에 미라 30개가 들어 있는 무덤을 발견한 건 나야. 절반을 차지할 자격이 있는 사람은 바로 나라구!"

"형이 욕심을 부려 보석을 그렇게 많이 팔아 넘기는 바람에 박물관 사람들이 경찰을 시켜서 우리를 조사하게 만든 거 아냐. 난 내 몫을 더 받아야겠어. 그만큼 고생도 했으니까."

모하메드는 지지 않고 대꾸했다. 아메드가 표정을 굳히며 벌떡 일어서며 말했다.

"안 돼!"

모하메드는 커피잔을 바닥에다 내동댕이치고는 문 쪽으로 비틀비틀 걸어가면서 중얼거렸다.

"그렇다면 각오해."

그는 어두운 밤길 속으로 걸어갔다. 그리고 잠시 후, 박물관 담당자의 집을 찾아가 문을 두드렸다.

"마스페로 씨 계십니까?"

"지금 안 계신데요. 저는 그분의 조수인 에밀 브러그시라고 합니다. 무슨 일이신가요?"

"드릴 말씀이 있습니다."

모하메드는 아메드가 무덤을 발견하게 된 경위를 털어놓기 시작했다. 브러그시는 잠자코 듣기만 했다.

아메드는 없어진 양을 찾다가 경사가 가파른 굴 입구를 발견하였다. 횃불을 가지고 와서 자세히 들여다봤더니, 미라 30구와 보물이 묻혀 있는 무덤이었다.

이렇게 발견된 보물은 모두 이집트 박물관이 소유권을 가지게 돼 있었다. 보물을 판매하는 것은 법으로 금지돼 있었다. 그러나 아메드는 형제들에게 이 소식을 알리고, 형제들은 10여 년 동안 한 번에 몇 개씩 수집가들에게 몰래 팔아 넘겼다.

"그 무덤이 어디 있는지 길을 안내해 주시겠습니까?"

"지난번에 문제가 생겼을 때에는 테베 시장님인 파와 씨가 저희를 변호해 주셨지요. 물론 대가는 충분히 드렸죠. 저를 감옥으로 보내지 않겠다고 맹세해 주시겠습니까, 브러그시 씨?"

브러그시는 웃음을 터뜨렸다.

"모하메드 씨, 방금 하신 말씀이 사실이라면 감옥 걱정은 하지 않으셔도 됩니다. 오히려 이집트의 영웅이 될걸요!"

"훔친 보석들은……."

"아, 그건 걱정 안 하셔도 됩니다. 저희가 원하는 것은 미라니까요. 이제 가실까요?"

브러그시는 무덤이 있는 곳을 알게 되었지만, 소중한 미라를 손에 넣기 위해서는 한바탕 난리를 치러야 했다. 무덤이 발견되었다는 소식을 들은 인근 마을 주민들이 그 마을에 있던 왕의 시신을 고고학자에게 넘길 수 없다며 항의를 했기 때문이다. 미라 30구가 나일 강을 따라 카이로 박물관으로 향하는 것을 보며, 마을 주민들은 강둑에 몰려서서 수천 년 전에 살았던 고대 이집트인들처럼 울부짖으며 흙을 머리에 발랐다.

운반하는 도중에도 도둑들이 배를 습격해서 보물을 빼앗으려고 했다. 그러나 이번에는 경비가 철저했기 때문에 어림없었다. 미라들은 마침내 안전하게 카이로 박물관에 보관되었다. 그런데 모하메드는 어떻게 되었을까?

a) 감옥으로 갔다.
b) 상금으로 약 100만 원을 받았다.
c) 사형되었다.
d) 무덤 발굴을 책임지는 직책을 맡게 되었다.
e) 미라의 저주 때문에 목숨을 잃었다.

답 : b)와 d)

나일 강의 신비

나일 강은 피라미드와 어떤 관계가 있을까?

깊은 관계가 있다. 나일 강이 없었더라면, 피라미드도 만들 수 없었을 테니까.

북아프리카는 원래 풀이 무성한 초원이었다. 지금의 이집트 땅 대부분은 옛날에는 강이 범람하던 지역이었다. 그러다가 약 9000년 전에 이 지역이 건조해지기 시작하면서 사람들은 다른 곳으로 옮겨 갔다. 기후가 계속 건조해지자, 사람들은 강가로 삶의 터전을 옮겼다. 그래서 나일 강가에 살게 된 것이다. 그런데 왜 피라미드를 만들기 시작한 것일까?

여기 네 가지 힌트가 있다. 네 가지 힌트를 이용하여 피라미드를 만든 이유를 추측해 보라.

1. 해마다 나일 강이 범람하면 비옥한 땅이 생겼다. 그러나 강이 범람을 하는 동안에는 농사를 지을 수 없었다.
2. 나일 강이 범람하는 계곡의 바깥쪽은 사막이 되어 사람들이 다닐 수 없었다. 그래서 이집트는 세상에서 고립되었고, 이웃 나라 때문에 골치를 앓을 일도 없었다.
3. 그 당시는 바퀴 달린 운송 수단이 생기기 전이었다. 강이 범람하면 집과 마을을 잇는 길이 물에 잠기기 때문에, 농부들은 뗏목을 만들어 사용했다.
4. 나일 강이 범람하는 이유는 열대 우림 지역에 내린 비가 흘러내려오기 때문이다. 이집트인은 비를 구경한 적이 거의 없었다. 따라서, 갑자기 나일 강이 범람하면서 비옥한 땅이 생기면, 이집트인은 그것을 하늘이 내린 선물처럼 느꼈다.

이제 나일 강과 피라미드의 관계를 설명해 줄지도 모르는 피라미드의 네 면을 살펴보자.

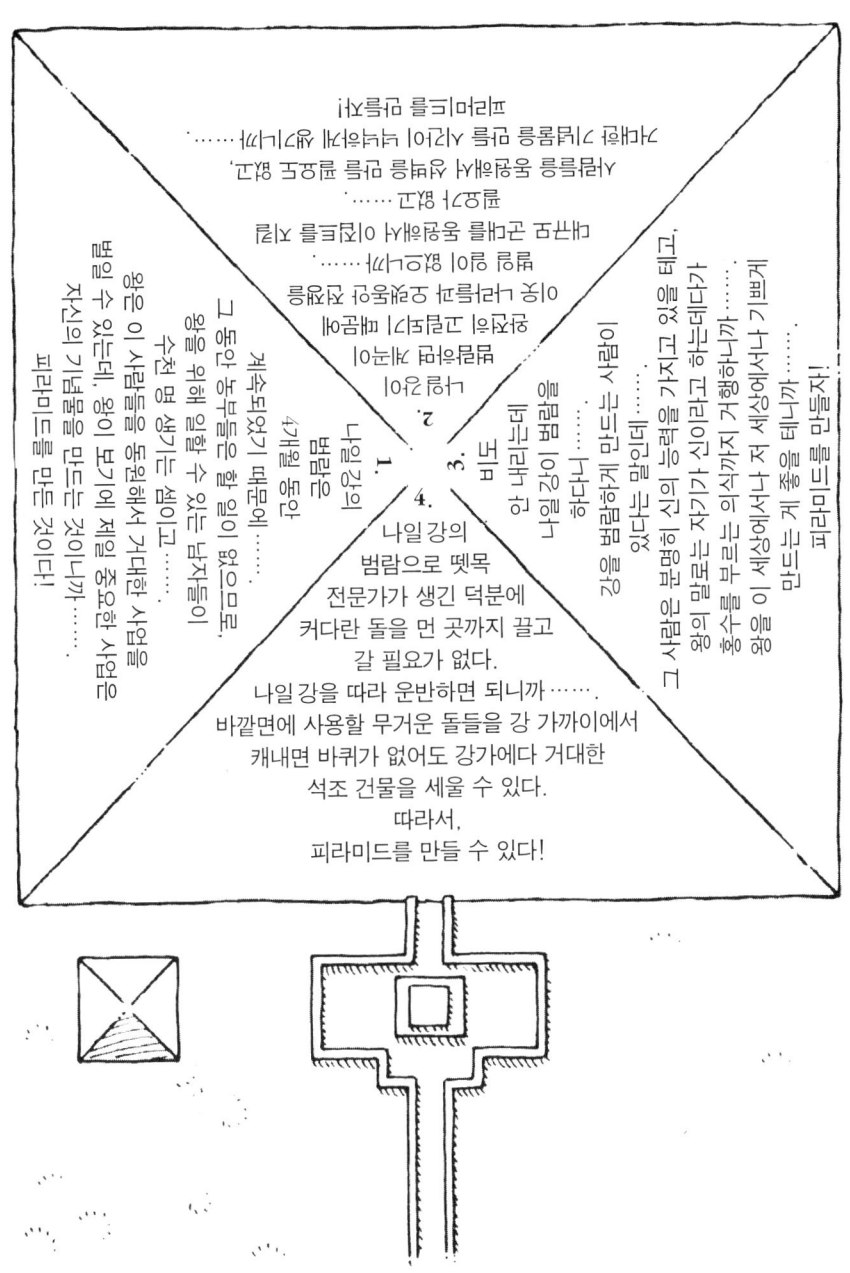

나일 강에 관한 놀라운 사실

1. 나일 강은 처음 시작되는 폭포에서부터 지중해까지의 길이가 무려 960 km에 달한다.

2. 나일 강으로 흘러들어오는 강은 수단의 아타바 강, 에티오피아의 청나일 강, 우간다의 백나일 강의 세 개가 있다.

3. 나일 강은 매년 6월 중순경에 범람한다. 강가의 바위에 남아 있는 흔적을 보면 매년 어디까지 범람했는지 알 수 있다. 이렇게 흔적이 남아 있는 바위를 '나일 표석'이라고 한다.

4. 강은 10월에 물이 줄어들기 시작한다.

5. 나일 강은 범람하면서 물만 선사하는 게 아니다. 비옥한 검은색 진흙을 선사하기 때문에 땅이 비옥해지는 것이다. 이 때문에 이집트인은 자기 나라를 '케메', 즉 '검은 땅'이라고 부른다. 이집트인은 이 땅에다 여러 가지 곡식을 심는다.

6. 11월이 되면 첫 싹이 나기 시작한다. 범람 수위에 따라 농작물이 얼마나 잘 자랄지가 결정된다. 로마의 플리니우스는 이런 기록을 남겼다.

범람한 높이가 12엘이면 배고픔(1엘은 약 1.5 m).
범람한 높이가 13엘이면 고생.
범람한 높이가 14엘이면 행복.
범람한 높이가 15엘이면 안심.
범람한 높이가 18엘이면 재앙.

재앙은 강이 너무 많이 범람해서 진흙 집까지 쓸어 가 버릴 때를 말한다!

7. 그리스의 헤로도토스는 이런 기록을 남겼다.

> 나일 강이 너무 많이 범람하면
> 땅은 거대한 바다로 변하고,
> 도시들이 섬처럼 드문드문 보인다.

8. 나일 강은 이집트를 관통하는 큰 도로의 역할을 했다. 장거리 여행객들은 대부분 배를 이용했다.

9. 지금은 나일 강이 범람하지 않는다. 1971년에 건설된 아스완 댐이 홍수를 막아 주기 때문. 그러나 댐을 만드는 바람에 예상치 못했던 문제가 발생했다. 강이 범람하지 않으니까 진흙도 밀려 내려오지 않는다! 이제는 땅이 산성화되면 화학 비료를 사서 뿌려야 한다. 예전에는 나일 강이 매년 공짜로 양분을 선물했는데…….

10. 나일 강을 주제로 하여 많은 시와 노래가 지어졌다. 어느 사제는 이런 시를 남겼다.

> 만세! 나일 강이여…….
> 이집트를 기름지게 하는 이여…….
> 그대가 범람하면 대지는 기쁨에 젖고……
> 그대가 찾아오면 행복이 넘치네. 오, 나일 강이여!
> 그대가 찾아오면 행복이 넘치네!

사람과 가축을 살찌게 하는 이여…….
그대가 찾아오면 행복이 넘치네!
(훌륭한 팝송 가사는 아니지만, 3천 년 이상 전해 내려온 것이다.)

11. 나일 강의 물이 닿지 않는 곳에서부터 사막이 펼쳐진다. 그 경계선이 어찌나 뚜렷한지, 한쪽 발은 밭에, 다른 쪽 발은 황무지 사막을 밟고 서 있을 수 있을 정도이다. 사막의 이름은 '다쉬르', 즉 '붉은 땅'이다.

12. 이집트인은 나일 강을 기준으로 1년을 강이 범람하는 계절, 씨 뿌리는 계절, 추수하는 계절의 세 계절로 나눴다.

13. 농부들은 매년 수로를 다시 만들고 고쳐야 했다. 이 일은 파라오에게 바치는 세금의 일부였다. 파라오가 벌인 사업에 노동력을 제공하지 않으면 벌로 매를 맞았다. 도망쳐도 소용 없었다. 가족들이 대신 매를 맞았으니까.

14. 강물이 빠지기 시작하면, 범람한 물을 저수지에 저장했다. 그러면 강물이 줄어들어도 밭에 물을 줄 수 있었다. 저수지에 보관한 물을 밭으로 퍼 옮길 때, 농부들은 '샤두프'라는 도구를 사용했다. 막대기의 한쪽 끝에 바구니를 매단 것인데, 다른 쪽 끝에 추를 매달아 균형을 맞추었다. 이 도구 덕분에 한 사람이 하루에 물을 수천 통씩 퍼 옮길 수 있었다. 샤두프는 만들기 쉬운데다가 기발한 발명품이기 때문에 지금도 사용되고 있다. 여러분도 직접 한번 만들어 보라.

샤두프를 만들어 친구들을 깜짝 놀라게 하자

　이집트 농부들은 나뭇가지로 샤두프를 만들었다. 여러분도 잔가지로 그럴 듯한 샤두프를 만들어 보자.

1. 길이가 20 cm 정도 되는 곧은 나뭇가지를 3개 구한다. 3개를 모아서 끝에서 3 cm 정도 되는 부분을 느슨하게 묶는다. 묶고 난 끈은 약간 남겨 놓는다.

2. 나뭇가지를 세워서 삼각대나 시렁처럼 끝을 벌린다(오른쪽 그림 참고). 끝을 찰흙 속에 꽂아서 고정시킨다.

3. 길이 35 cm 정도의 곧은 가지를 구한다. 이 가지는 지렛대 역할을 한다. 느슨한 끈으로 이 가지를 끝에서 12 cm 정도 되는 부분을 삼각대의 세 가지가 만나는 부분 위에 묶는다(아래 그림 참고).

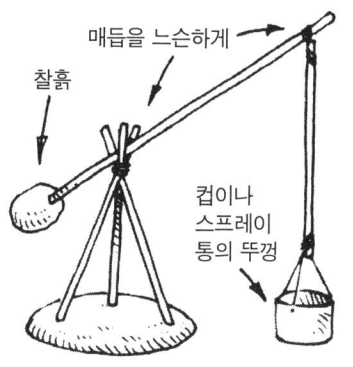

4. 지렛대의 짧은 쪽 끝에다 찰흙을 매단다. 길이가 15 cm 정도 되는 가지를 구해다 지렛대의 긴 쪽 끝에다 묶는다.

5. 이제 물통으로 쓸 게 있어야 한다. 플라스틱 컵이나 스프레이 뚜껑으로 대신하자. 위쪽에 구멍을 3개 뚫고, 지렛대 끝에 매단 가지에다 묶는다.

　짝짝짝! 여러분은 방금 아주 간단하지만 근사한 발명품을 만들어 냈다!

이집트의 신들

한평생을 죽음에 대한 걱정을 하면서 산다는 건 생각만 해도 끔찍하다! 그러나 이집트 인에게 죽음이란 아주 큰 문제였다. 그들은 영혼의 세계에 가기를 소망했다.

영혼의 세계는 파라오가 가는 '신들의 땅' 만큼은 못하지만, 이 세상보다는 좋은 곳이다. 그리고 이집트인은 그 세계가 하늘 어디쯤 있는지도 알고 있었다. 바로 서쪽 지평선 너머였다.

그러나 그 곳은 아누비스 신의 왼쪽 무릎덮개 옆에 있었다! 거기에 가기 위해서는 대단히 많은 신들을 섬겨야 했다. 만약에 신의 노여움을 사게 되면 큰 어려움이 뒤따랐다.

신들은 상상할 수 없을 만큼 나이가 많았다. 그들은 인간이 이 땅에 살기 전부터 존재했을 뿐만 아니라, 인간을 장난감과 하인의 중간쯤으로 생각했다. 신들은 이 세상을 다스리고, 이 세상에서 일어나는 모든 일을 주관했다. 당연히 그들은 인간에게 존경을 요구했다.

이 많은 신들을 기쁘게 하려면 어떻게 해야 할까?

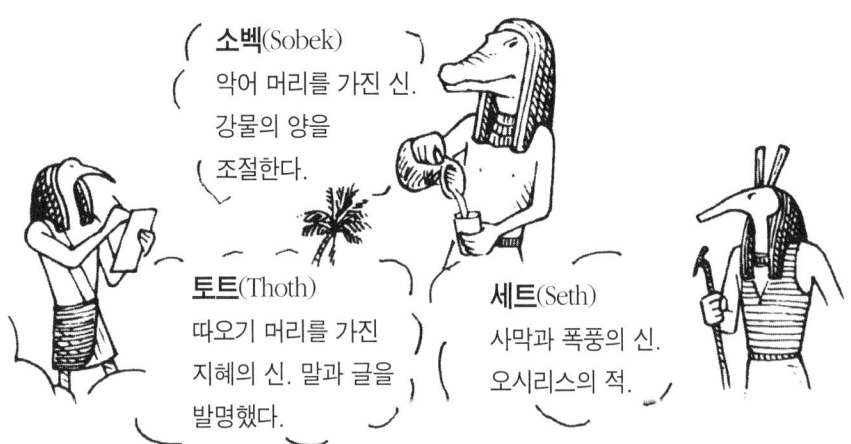

소벡(Sobek)
악어 머리를 가진 신. 강물의 양을 조절한다.

토트(Thoth)
따오기 머리를 가진 지혜의 신. 말과 글을 발명했다.

세트(Seth)
사막과 폭풍의 신. 오시리스의 적.

곤란한 문제를 해결해 주는 신

다음과 같은 경우, 어떤 신에게 기도를 드려야 할까? 빈 칸을 채워 보자.

- 오, 위대하신 ____ 님이시여. 제 땅에 물이 없어서 곡식이 말라 가고 있습니다.
- 전지전능하신 ____ 님이시여. 막내아들이 석 달 전에 열병으로 눈을 감았습니다. 그 후, 제 아내는 시름에 젖어 지냅니다. 아내가 다시 기쁨을 되찾을 수 있도록 도와 주소서.
- 오, 현명하신 ____ 님이시여. 제 아들은 서기가 되고 싶어하지만, 상형 문자 성적이 형편 없어서 퇴학당할 위기에 놓였습니다. 아무리 매를 들어도 소용이 없답니다.
- 저에게 힘을 주소서, 복수의 화신이신 ____ 님이시여. 붉은 땅의 침략자들이 저희 마을을 습격했나이다. 그들을 물리칠 수 있도록 힘을 주소서.
- 오, 강인하신 ____ 님이시여. 얼마 전에 제 남편이 눈을 감자, 당신을 기쁘게 만들 생각으로 돈을 모두 털어 남편을 미라로 만들었습니다. 제 남편이 영혼의 세계에 다다를 수 있도록 도와 주소서.
- 오, 마음씨 고우신 ____ 님이시여. 저는 지금 이 세상에서 가장 아름다운 소녀를 사랑하게 되었지만, 그 소녀는 제 춤을 보면 웃음을 터뜨립니다. 제가 워낙 춤솜씨가 없거든요.

이집트 인들의 기도

이집트인은 다음과 같은 이야기를 믿었다.

오시리스는 위대한 왕이었다. 모두 그렇게 생각했다. 그는 헌신적인 아내 이시스와 모든 사람들의 사랑을 받았다. 그러나 단 한 사람, 동생인 세트는 오시리스를 미워했다. 그는 질투심에 불탔다. 그래서 이리저리 궁리하며 계획을 세웠다. 어떻게 하면 형을 죽이고도 감쪽같이 처벌을 모면할 수 있을까?

'형의 시신을 아무도 찾지 못하게 만들면? 그래, 바로 그거야! 시신을 눈에 띄지 않게 처리하면 되겠군!'

소름끼치는 일이긴 했지만, 세트는 그렇게 하기로 마음먹었다. 그는 오시리스를 살해하여 그 시신을 열네 조각으로 잘랐다. 그리고는 나일 강변에다 시신을 이리저리 흩어 놓아 악어의 먹이가 되게 했다.

그러나 계획은 수포로 돌아가고 말았다. 이시스가 남편의 시신 열네 조각을 모두 찾아 낸 것이다. 이시스는 조각들을 조심스럽게 짜 맞추었다. 그리고는 떨어지지 않도록 붕대를 감았다. 오시리스는 이집트 최초의 미라가 되었다.

일은 이것으로 끝난 게 아니었다. 이시스는 아누비스 신에게 도움을 청했다. 아누비스가 오시리스에게 새 생명을 불어넣었다. 그러나 오시리스는 인간으로 이 세상에 돌아올 수 없었다. 그 대신, 그는 사후 세계에서 죽은 자들의 신이 되었다.

아누비스는 사후 세계로 가는 시신을 보존하는 신이 되었다. 또, 이시스는 죽은 자를 보호하는 여신이 되었다. 그러면 세트는? 그는 오시리스와 이시스 사이에서 태어난 호루스와 대결을 벌여야 했다. 오랫동안 처절한 싸움을 벌인 끝에 세트는 간신히 호루스의 눈 하나를 뽑았다. 그렇지만 결국에는 호루스가 승리를 거두었다. 그 덕분에 세트는 사악한 죽은 자들이 사는 무시무시한 저승 세계에서 평생을 보내게 되었다.

호루스는 산 자를 돌보는 수호신이 되었다. 뽑힌 그의 눈은 죽은 자의 앞길을 밝혀 주는 역할을 했다.

행운의 부적을 만들어 보자

이집트인은 그런 이야기뿐만이 아니라, 많은 미신을 믿는 풍습이 있었다. 또, 행운의 부적도 믿었다. 여러분도 마분지로 부적을 만들어 목에 걸고 다니면 어떨까?

아래 세 가지 기호는 이집트 상형 문자로, 각각 나름의 뜻을 가지고 있다.

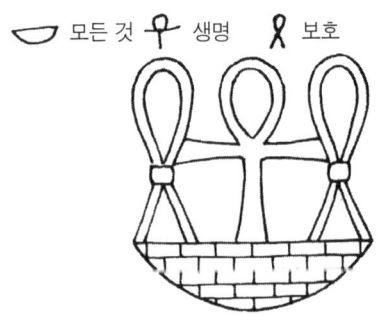

고달픈 백성들의 삶

오, 파라오님, 이건 불공평해요!

이집트 역사상 가장 힘든 삶을 살았던 사람들은 고왕국 시대의 농부들이었다. 그들은 다음과 같은 피라미드의 맨 밑바닥에 위치했다.

1. 파라오—왕, 제사장, 신, 군대 지휘관

2. 고관—둘째로 힘이 센 사람. 세금을 걷는 일에서부터 관개 시설을 만드는 일에 이르기까지 나라를 잘 경영하는 임무를 맡는다. 대법관의 역할도 한다.

3. 이마쿠(존경받는 사람)—파라오의 친구와 가족. 이들은 외교관, 총독, 왕실 보석 관리인, 향유와 향수 관리인, 왕의 의상 관리인 등 가장 좋은 직업들을 차지한다. 왕실에서 오가는 이야기를 비밀리에 관리하는 직책도 맡는데, 따라서 이들을 거쳐야만 파라오를 만날 수 있다.

4. 주지사—작은 지역을 다스리는 지방 호족. 백성들을 직접 다스리는 계층이다. 적이 쳐들어오면, 군대를 모집하고 편성하는 임무를 맡는다.

5. 서기—문서를 담당하는 교육받은 관리.

6. 사제—신전에서 여러 신들을 섬기는 사람들.

7. 헤무티우 혹은 장인—부유층의 뒤치다꺼리를 하는 기술자들. 천을 만드는 사람, 건축가, 화가, 조각가, 상인, 보석상, 미라 만드는 사람, 금속공 등등.

8. 농부—나머지 사람들. 인구의 90%를 차지함.

농부 생활의 10가지 어려움

1. 이집트에도 노예가 있기는 했지만, 농부도 일을 아주 혹독하게 해야 했기 때문에 노예나 다름없었다.
2. 농부들은 재산이나 마찬가지였다. 파라오가 귀족에게 땅을 선물하면, 농부들도 함께 딸려 갔다.
3. 지주의 재산을 말할 때, 가축의 수와 더불어 농부의 수도 셌다.
4. 그나마 여자들은 그 계산에 포함되지도 않았다. 가축보다도 쓸모없는 존재로 생각했기 때문!

5. 농부들은 다섯 명이 한 조가 되어 일했다.

6. 가족이 뿔뿔이 흩어져 각기 다른 조에 속하게 되는 경우도 있었다.

7. 나일 강이 범람해서 농사를 지을 수 없는 시기에는 피라미드를 만들었다.

8. 일을 열심히 하지 않으면, 매를 맞거나 신체 일부가 잘렸다. 아마 손가락이나 발가락을 잘랐을 것이다.

9. 무덤을 털어서 부자가 될 생각을 했다가는 목이 날아갔다.

10. 곡식을 추수하기 전에 세금을 받는 사람이 미리 파라오의 몫을 정한다. 그나마 파라오가 남겨 놓은 부분은 농부 차지가 되었으니 다행이다.

고달픈 농사

이봐, 불쌍한 농부! 넘쳤던 강물이 줄어들었으니, 이제 네가 할 일들을 몇 가지 알려 주마.

1. 홍수로 피해를 입은 부분을 복구한다.
2. 햇볕이 뜨거워지기 전에 괭이로 밭을 갈고 쟁기질한다.
3. 씨를 뿌린 다음, 가축(예컨대 염소 떼)을 밭에 풀어 꼭꼭 밟게 한다.
4. 곡식이 자라는 동안 계속 물을 준다.
5. 잡초를 뽑는다.
6. 새를 쫓는다.
7. 밀을 수확한다.
8. 타작을 한다. 도리깨로 때려서 딱딱한 겨와 낟알을 분리한다.
9. 키질을 한다. 가벼운 겨가 날아가도록 낟알을 키에 담아 위아래로 가볍게 흔든다.
10. 밀대를 잘라 가축 사료, 건축 자재, 바구니 재료를 만든다.

여가 시간에는 뭘 하죠?

좋은 질문이야. 돼지, 양, 거위, 오리를 기르고, 술 담글 포도와 옷 만들 아마를 재배하고, 밀을 갈고, 그리고 또…….

차라리 물어보지 말 걸! 어서 빨리 범람의 계절이 돌아와서 피라미드나 만들었으면 좋겠네요.

피라미드 만드는 일

지금 여러분은 커다란 벽돌을 끌고 태양이 이글거리는 사막을 60 km나 걸어왔다. 물이라고는 지금 가지고 있는 수통밖에 없다. 마침내 피라미드를 만드는 곳에 도착해서 돌을 제자리까지 끌고 간 다음, 비틀거리며 빵과 천과 향유를 받으러 간다. 그런데 조장이 끔찍한 소식을 알려 준다. 봉급을 줄 수 없다는 것이다!

여러분은 진흙 바닥 위에 석회암으로 대충 만든 막사로 터덜터덜 걸어간다. 기운도 없고, 배도 고프고, 화도 난다. 막사 안은 사람들로 바글거리고, 수도도 화장실도 없다. 배설물 냄새와 막사를 함께 쓰고 있는 가축 냄새가 코를 찌른다.

아내와 아이들이 기다리고 있는 집으로 돌아가고 싶다. 그렇지만 집에 돌아가지도 못하고 굶어 죽을 것만 같다.

자, 이 상황에서 여러분은 어떻게 하겠는가?

a) 투덜대며 다시 일을 시작한다.
b) 파라오에게 탄원서를 보낸다.
c) 파업을 벌인다.

답: c) 세계 최초의 파업은 진짜로 일어났었다. 임금을 받지 못한 피라미드 노동자들이 도구를 내려놓고 할 일을 수행하길 거부했다. 그 결과, 파라오는 결국 봉급을 지급했다.

고대 이집트의 유머

고왕국 시대에 말썽이 많았던 것도 무리는 아니다. 고왕국은 기원전 2300년 무렵부터 무너지기 시작했다. 주지사들이 파라오의 권력을 넘보기 시작한 것이다. 옛 문헌에서는 이를 이렇게 묘사했다.

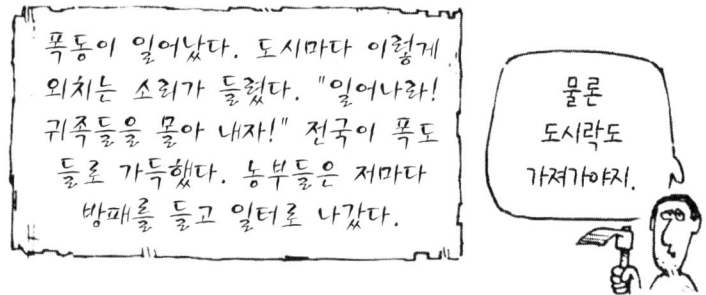

기원전 2065년(제11왕조)이 되어서야 나라가 다시 안정을 찾았고, 농부들은 전보다 더 나은 대우를 받게 되었다.

농부들은 가족 단위로 조를 이루어 일할 수 있게 되었다. 또, 자급자족할 수 있을 만한 크기의 땅도 받았다. 밭은 후손들에게 계속 상속되었고, 아무도 빼앗을 수 없었다. 농부들은 전보다 생활이 나아졌다.

훌륭한 이집트 여인상

훌륭한 이집트 여성이 되려면 ……

이집트에는 훌륭한 이집트 여인상이 있었다. 바로 이시스 여신! 이시스는 도대체 어떤 일을 했길래, 훌륭한 여성의 귀감이 되었을까?

남편 오시리스가 살해당한 뒤, 나라를 맡아 다스렸다.

바다를 샅샅이 뒤져 남편의 시신을 찾았다.

어린 아들을 잘 길렀다.

남편을 다시 살릴 수 있는 방법을 찾아 냈다.

그런대로 괜찮은 이집트 여성이 되는 방법

이시스를 따라하기가 너무 힘들다면, 여기 그런대로 괜찮은 이집트 여성이 되는 방법을 소개한다.

1. 항상 집 안에 머물면서 결혼할 수 있는 열두 살이 될 때까지 부모님 말씀을 잘 듣는다.
2. 적당한 남자, 즉 부모님이 골라 주신 남자와 결혼한다.
3. 남편의 뜻에 순종한다.
4. 남편의 다른 부인들과 잘 지낸다.
5. 남편에게 아이를 많이 낳아 준다. 6~7명은 보통.

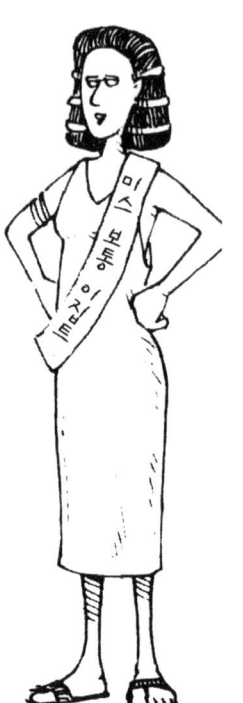

평범한 이집트 여성이 되는 방법

그렇게 완벽한 이집트 여성은 별로 없다. 실제로는 이랬다.

1. 부잣집 여성들은 집을 떠나 학교에서 글을 배웠다.
2. 부모님이 골라 준 상대가 아니라, 사랑하는 사람과 결혼하는 여자들도 많았다. 삼촌이나 사촌과 결혼하는 것도 흔한 일이었다.
3. 그리스의 헤로도토스는 이집트 여성들이 생각했던 것처럼 고분고분하지 않다고 기록했다. 오히려 이집트 여성들은 너무 독립심이 강하다고 불평을 늘어놓았다!
4. 이집트 남자는 아내를 얼마든지 둘 수 있었지만, 모든 아내를 보살펴 줄 능력이 있어야 했다. 본처는 남편과 지위가 대등

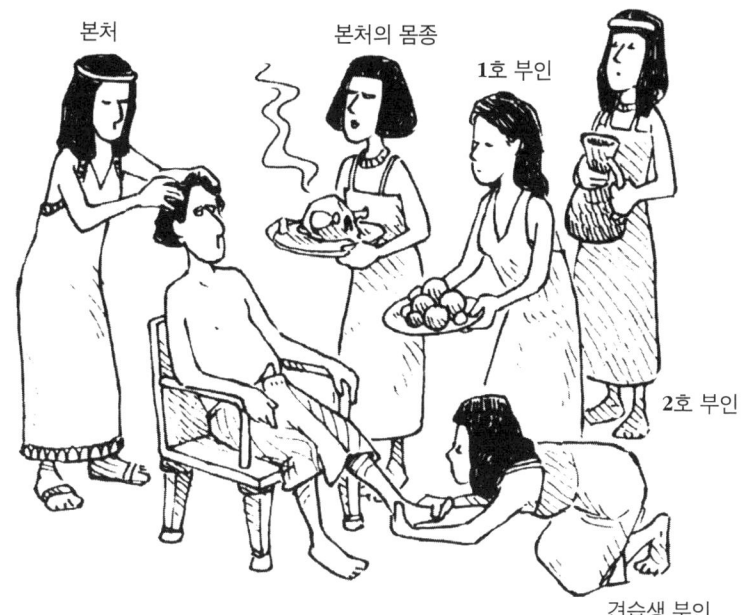

했고, 남편이 세상을 떠나면 본처가 낳은 맏아들이 재산을 물려받았다. 그리고 본처는 가재 도구를 물려받았다.

5. 여자들은 보통 열두세 살에 첫 아이를 낳았다. 아이를 낳을 때에는 특별한 돌 위에서 무릎을 꿇었는데, 병균에 감염될 가능성이 높았기 때문에 아주 위험했다. 산모나 아이가 죽는 경우도 많았다. 산모는 출산을 관장하는 여신 트와레트(Twaret)가 악령을 쫓아 주길 바라는 수밖에 없었다. 하긴, 트와레트라면 충분히 그럴 만한 능력이 있었다. 임신한 사나운 하마였기 때문이다!

예쁜 이집트 여성이 되는 방법

이집트 여성들은 자신의 미모를 자랑했고, 꾸미는 것을 좋아했다. 만약 이집트에 아름다움을 가꾸는 방법을 알려 주는 책이 있었다면, 아마 다음과 같은 내용이 담겨 있었을 것이다.

1. 목욕을 자주 하라. 탄산소다로 물을 소독할 것. 그래, 미라를 보존할 때 쓰는 그 탄산소다 말이다!

2. 마사지를 하라. 하인을 시키면 된다. 하인을 둘 수 있을 정도로 돈이 많은 여성들의 이야기지만.

3. 눈 화장을 하라. 납과 방연광을 섞어서 진회색 마스카라를 만든 뒤, 눈을 아몬드 모양으로 그릴 것. 눈썹은 모두 뽑을 것. 은 족집게를 쓰는 게 가장 좋다. 물론 이것 역시 은 족집게를 살 만한 여유가 있는 여성들의 이야기.

4. 얼굴 화장을 하라. 빨간색 산화철로 만든 립스틱과 볼연지를 써서 얼굴을 화사하게 표현할 것.

5. 매니큐어를 칠하라. 염료를 섞어서 손톱을 빨갛게 칠한다. 손바닥이나 발가락에 발라도 좋다.

이집트 인의 일상 생활

 이집트인은 진흙 벽돌로 만든 집에서 살았다. 별로 힘든 일은 아니었다. 진흙은 공짜인데다가 벽돌 모양으로 빚어서 이글거리는 여름 햇볕에 구우면 바위처럼 단단해졌으니까. 진흙으로 만든 집은 수명이 수백 년이나 되었다. 지금도 이집트에서는 진흙으로 집을 만드는 사람들이 있다. 권력이 큰 사람일수록 큰 집에서 살았다. 이집트인은 가구가 별로 없었는데, 그것은 집 바깥에서 보내는 시간이 많았기 때문이다. 이집트 사람들의 생활을 한번 살펴볼까?

1. 이집트인은 옷을 거의 입지 않았다. 아이들과 가난한 사람들은 알몸으로 다니는 경우가 많았다. 다행히도, 고대 이집트는 아주 따뜻하고 건조한 나라였다. 알몸으로 돌아다녀도, 아무도 신경쓰지 않았다.

2. 이집트인은 빵을 먹었다. 그렇지만 말이 빵이지, 아주 거칠어서 먹다가 이가 닳을 정도였다! 이집트에서는 기원전 2000년경부터 빵을 만드는 기술이 발달했다. 이를 잃고 싶진 않겠지만, 그래도 이 빵이 어떤 맛인지 알고 싶은 사람에게 요리법을 살짝 알려 주겠다.

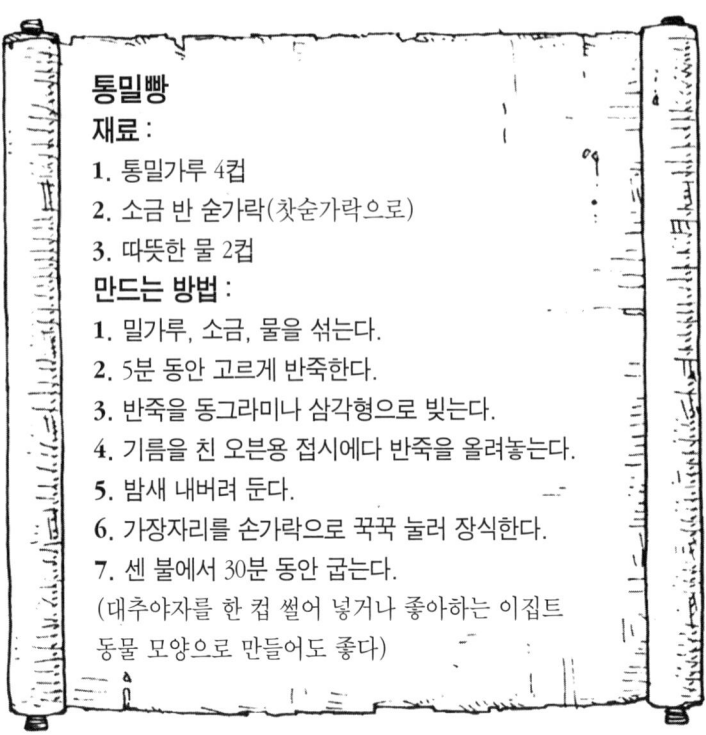

어때? 먹을 만해?

3. 이집트인이 먹었던 음식에는 오이, 셀러리, 상추, 양파, 마늘, 부추, 갓 등 여러 가지가 있지만, 빵과 양파로 연명한 사람들이 대부분이었다. 과일은 멜론, 무화과, 석류, 대추야자가 있었다. 포도로 술을 담갔고, 꿀을 설탕 대신 썼다. 그 후, 이집트인은 체리, 사과, 배를 재배하였다. 육류로는 양고기, 염소 고기, 쇠고기, 거위 고기를 먹었지만, 돼지 고기는 불결하게 생각하였다.

4. 이집트인은 보리로 맥주 비슷한 음료수를 만들어 마셨다. 보리를 담근 물에다 빵을 넣은 다음에 발효시킨다. 그런 다음에 그 즙을 짜서 마셨는데, 아마 수프와 비슷한 모습이었을 것이다!

5. 이집트인은 기원전 1600년경에 세계 최초의 과자를 만들었다. 석판에 기록된 요리법이 남아 있는데, 여러분도 직접 만들어 먹어 보라.

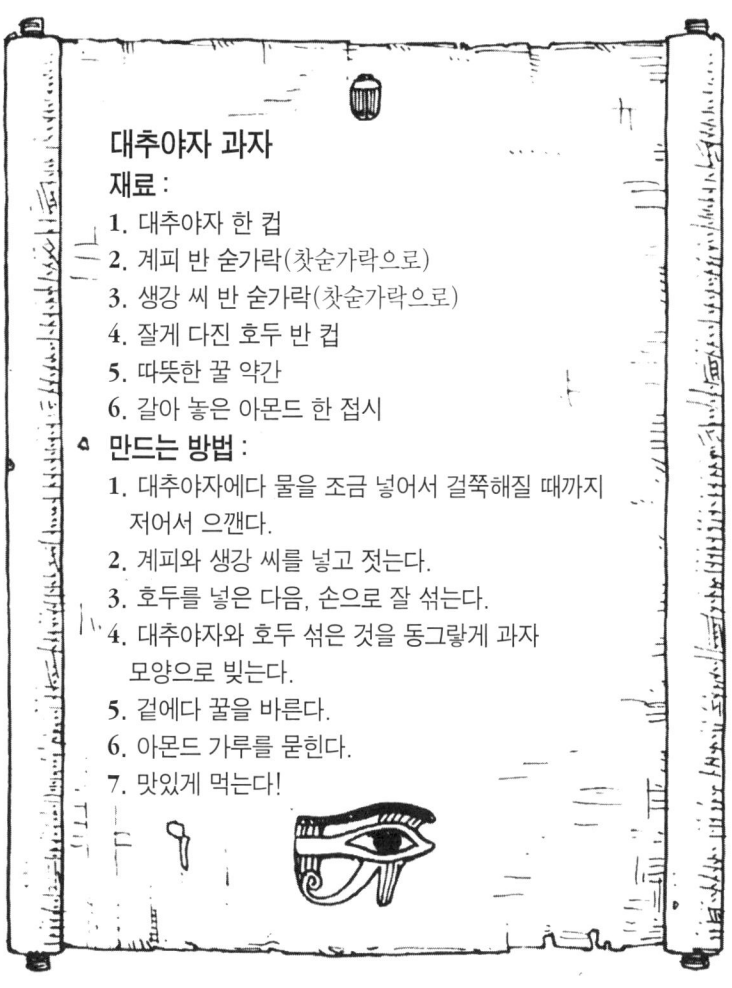

대추야자 과자
재료 :
1. 대추야자 한 컵
2. 계피 반 숟가락(찻숟가락으로)
3. 생강 씨 반 숟가락(찻숟가락으로)
4. 잘게 다진 호두 반 컵
5. 따뜻한 꿀 약간
6. 갈아 놓은 아몬드 한 접시

만드는 방법 :
1. 대추야자에다 물을 조금 넣어서 걸쭉해질 때까지 저어서 으깬다.
2. 계피와 생강 씨를 넣고 젓는다.
3. 호두를 넣은 다음, 손으로 잘 섞는다.
4. 대추야자와 호두 섞은 것을 동그랗게 과자 모양으로 빚는다.
5. 겉에다 꿀을 바른다.
6. 아몬드 가루를 묻힌다.
7. 맛있게 먹는다!

6. 이집트인은 에티오피아산 개코원숭이를 훈련시켜 대추야자 따는 일을 시켰다고 한다(만약 여러분 집 뒷마당에 과일 나무가 있다면, 개코원숭이 대신 부모님을 훈련시키는 게 나을걸).

7. 이집트인은 주문의 효과를 믿었다. 다음은 어떤 책에서도 볼 수 없는 아주 쓸모 있는 주문이다! 이 주문 덕분에 목숨을 구하게 될지도 모르니 잘 외워 두자! 어쩌다 악어가 우글거리는 강물 속에 빠졌을 경우에 시험해 볼 것.

물론 이 주문을 잽싸게 이집트 말로 외워야 한다. 틀림없이 효과가 있을 것이다. 효과가 없으면 돈을 돌려받도록.

8. 이집트인은 더운 날씨 때문에 머리를 짧게 깎았다. 그러나 부자들은 중요한 행사가 있을 때마다 가발을 썼다. 가발 위에는 밀랍으로 된 흰색 고깔을 썼다. 밀랍에는 향수도 섞었다. 행사가 진행되면 밀랍이 녹고 향수 냄새가 풍기기 시작한다. 그리고 밀랍이 가발 위로 온통 흘러내렸다!

9. 이집트의 의술은 상식과 마법이 뒤섞인 것이었다. 케티라는 관리가 습격을 받아 머리에 심한 상처를 입었다. 의사는 약을 써서 케티를 잠재운 다음, 상처 입은 두개골 일부를 잘라 내고, 수술 부위를 꿰맸다. 케티는 무사히 살아났다고 한다.

10. 한편, 앞을 못 보는 환자를 치료할 때에는 돼지의 눈을 으깨어 꿀과 붉은색 황토를 섞은 다음, 그것을 환자의 귀에다 쏟아부었다고 한다!

배가 아픈 사람은 약을 마시면서 다음과 같은 고대 이집트의 주문을 외우면 된다. "내 배와 팔다리에 있는 악령을 쫓아 주실 분이시여, 어서 오소서. 이 약을 마시는 사람은 하늘에 계신 신들처럼 금세 치료되리라."

무엇에 쓰던 물건일까?

다음은 이집트인이 쓰던 물건들이다. 어떤 용도로 사용되었는지 알아맞혀 보라.

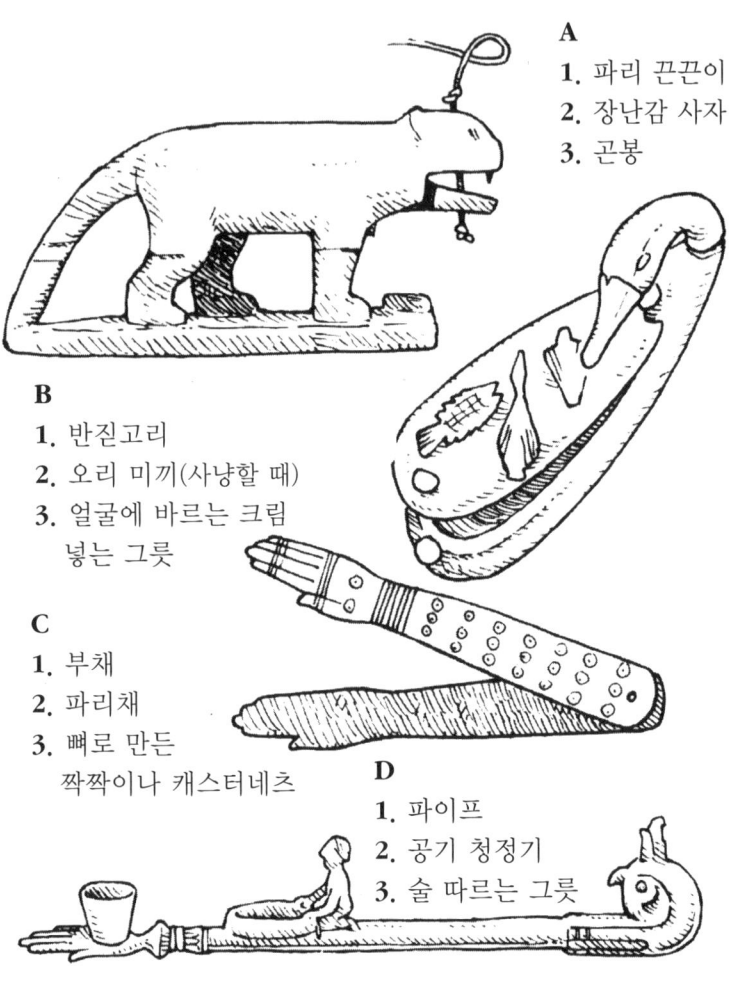

A
1. 파리 끈끈이
2. 장난감 사자
3. 곤봉

B
1. 반짇고리
2. 오리 미끼(사냥할 때)
3. 얼굴에 바르는 크림 넣는 그릇

C
1. 부채
2. 파리채
3. 뼈로 만든 짝짝이나 캐스터네츠

D
1. 파이프
2. 공기 청정기
3. 술 따르는 그릇

답: A:2 B:3 C:1 D:2

이집트 인은 무엇을 하고 놀았을까?

이야기하기

고대 이집트인은 이야기를 아주 좋아했다. 다음은 요즘의 동화와 비슷한 이야기이다.

라메시데 왕자가 태어났을 때, 운명의 여신이 찾아와 이렇게 말했다. "이 아이는 악어나 뱀, 개에게 물려 죽을 것이다."

왕은 왕자를 잘 보호했지만, 왕자는 어른이 되자 궁전을 떠났다. 그는 시리아에 예쁜 공주가 살고 있다는 소문을 들었다. 소문에 따르면, 공주가 살고 있는 탑의 꼭대기까지 올라가는 남자가 공주와 결혼할 수 있다는 것이었다.

물론 라메시데 왕자는 탑 꼭대기까지 올라가서 공주와 결혼했다. 왕자는 행복하게 살았다. 그러던 어느 날, 뱀이 왕자에게 달려들었다. 그 때, 공주가 왕자를 구했다. 왕자는 다시 행복하게 살았다. 또 어느 날, 왕자가 기르던 개가 달려들었다. 왕자는 바닷속으로 뛰어들어 목숨을 구했다.

왕자는 안도의 한숨을 내쉬었다. 그런데 바로 그 때, 악어가 왕자가 있는 쪽으로 헤엄쳐 왔다. 악어는 왕자에게 살 수 있는 기회를 딱 한 번 주겠다고 말했다. 악어가 제일 무서워하는 적을 처치해 주겠다고 약속하면 살려 주겠다는 것이었다.

안타깝게도 파피루스가 훼손되었기 때문에 그 뒷이야기는 알 수 없다. 미안! 그렇지만 여러분이 직접 이야기를 마무리 지어 보는 것도 재미있겠지? 힌트를 한 가지 준다면, 이집트 인은 슬픈 이야기라도 해피엔딩을 좋아했다.

아이들의 놀이

가죽 안에 곡식을 채우면 공을 만들 수 있다. 아이들은 이 공을 서로 던지며 주고받거나 묘기를 부리는 놀이를 즐겼다. 목말을 타고 올라가서 재주를 부리기도 했다.

돌을 매끄럽게 갈아서 팽이를 만들기도 했다. 손가락으로 돌리는 팽이였다. 한꺼번에 팽이를 두 개 이상 돌리는 것은 제법 어려운 기술이었다.

그리고 무릎 경주라는 것도 있었다. 출발점에서 결승점까지 달리기만 하면 되는데, 무릎에서 손을 떼어서는 안 된다.

무덤에서 예쁜 장난감이 발견되기도 했다. 나무를 깎아 만든 동물 인형인데, 줄을 잡아당기면 입이 열렸다 닫혔다 한다.

염소 게임

이 게임을 하려면 네 사람 이상이 필요하다.
1. 두 사람이 '염소' 역할을 한다.
2. 염소가 된 두 사람은 다리를 쭉 뻗은 채 서로 얼굴을 마주보며 바닥에 앉는다.
3. 나머지 사람들은 염소 위를 뛰어넘는다.
4. 뛰어넘다가 염소한테 붙잡힌 사람이 염소가 된다.

수상 스포츠

이번에는 여러분의 수영 솜씨를 한번 보자. 서너 명이 한 팀을 이루어 배에 탄다. 배 위에 선 채로 상대 팀을 한 사람씩 물 속으로 빠뜨리면 이긴다. 풀밭에서 할 때에는 배 대신 널빤지를 쓰면 된다!

사냥

작살이나 창, 밧줄, 그물로 하마를 사냥하는 것은 아주 위험했다. 하마가 사냥꾼을 잡겠다고 나설 수도 있으니까!

여러분은 이런 스포츠는 할 생각을 않는 게 좋다(동물원에 가 보면 하마가 한 마리쯤 있을 것이다. 그렇지만 그 하마를 사냥하려고 했다가는 동물원에서 당장 쫓겨날 것이다. 게다가, 사냥에 성공했다 하더라도, 솥에 집어넣을 방법이 없잖아!).

새 사냥도 있었다. 이집트인은 새를 길들여 야생 새를 유인하게 한 다음, 막대기를 던져 잡았다. 이 막대기는 부메랑과 비슷하게 생겼지만, 부메랑처럼 되돌아오지는 않았다.

종이로 새를 만든 다음, 막대기를 던져서 맞혀 보자. 열 번 던져서 가장 많이 맞힌 사람이 이기는 걸로 한다.

알케르케(alquerque)

에스파냐 사람들이 즐기는 이 게임은 고대 이집트에서 유래된 것이다. 중세 시대에 이집트를 점령했던 서북 아프리카 지방의 무어 인이 이 게임을 에스파냐로 전파시켰다. 게임을 하려면 게임판과 한 사람당 12개의 말이 있어야 한다. 도화지에 아래 그림처럼 선을 그려서 게임판을 만든다. 두 사람만 게임을 할 수 있다. 아래 그림처럼 말들을 배치한다.

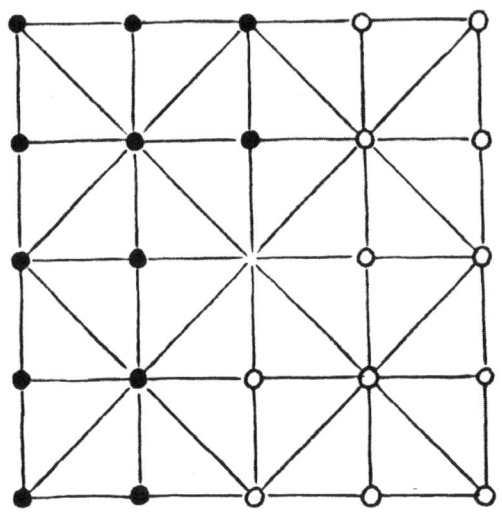

게임의 규칙

1. 한가운데는 비워 놓는다.
2. 주사위를 던져서 먼저 시작할 사람을 정한다. 맨 처음 시작할 때에는 먼저 말을 한가운데 빈 점으로 움직여야 한다.
3. 그 후로는 그 옆의 빈 자리 아무 데나 선을 따라 말을 움직일 수 있다.
4. 체커 경기에서처럼 상대의 말 위를 뛰어넘으면서 상대의 말을 잡아먹을 수 있다. 한꺼번에 말을 여러 개 잡아먹을 수도 있다.
5. 상대방의 말을 모두 다 잡아먹은 사람이 승자가 된다.

놀라운 이집트 천문학

시간의 표시

 이집트 달력은 대단히 훌륭한 것이다. 역사학자들 중에는 달력을 이집트 최고의 발명품으로 꼽는 사람도 있을 정도이다. 이집트인은 태양의 움직임을 토대로 해서 1년을 365일로 잡았는데, 이것은 오늘날과 거의 비슷하다.

 96쪽에서 말했던 것처럼, 한 해는 세 계절로 나누고, 한 계절은 120일씩이었다. 그리고 나머지 5일은 '보너스'인 셈이었다. 1년은 12개월, 한 달은 각각 30일이었다. 또 한 달은 3주로 나누었으니까, 일 주일은 10일이었다.

고대의 기록

 기원전 3000년경에 어느 천문학자가 해뜨기 직전의 하늘을 관찰하고 있었다. 그가 하늘을 관찰하던 곳은 상이집트와 하이집트가 합쳐지면서 새로 수도가 된 멤피스의 학술원이었다. 그리고 그 날은 범람기, 즉 홍수가 시작되는 첫날이었다.

 동쪽 지평선 위로 태양이 뜨기 시작했다. 그런데 그 날은 태양과 함께 소디스(오늘날 우리가 천랑성 또는 시리우스라고 부르는 별)도 동시에 떠올랐다. 이집트인은 오랜 관찰 끝에, 이 세 가지 사건(즉, 강이 범람하는 시기의 시작과 일출과 소디스의 출현)이 동시에 일어나는 것은 1460년마다 한 번씩 일어난다는 사실을 알아 냈다. 정말 대단한 이집트인들이야!

 한 천문학자의 근무 시간을 25년으로 잡고, 이 사실을 밝혀 내기까지 몇 세대가 관찰했는지 계산해 보자. 1460 나누기 25는…… 그러니까 58세대의 천문학자들하고도 10년을 더 관찰할 사람이 하나 더 필요하다.

고대 이집트 문자 1

이집트인이 쓰던 문자는 상형 문자 또는 그림 문자라고 부른다. 그러나 이것은 이집트인이 붙인 이름은 아니다! 원래 이집트인은 자기들의 문자를 '신들의 언어'라고 불렀다.

상형 문자 하나는 영어의 알파벳처럼 문자 하나를 뜻할 때도 있고, 한 낱말을 뜻할 때도 있다.

이집트인이 사용했던 '잉크'는 지금의 포스터 물감과 비슷했다. 가장 많이 사용했던 색상은 빨간색과 검은색이었다. 잉크는 액체가 아니라, 나무진을 섞어 딱딱한 덩어리로 만들었다(이집트 기후에서는 액체 잉크를 쓰면 너무 빨리 말라 버린다).

'연필'은 가느다란 붓이었다. 잔가지나 갈대 끝을 씹어서 붓털처럼 갈라지게 만든 다음, 칼로 끝을 가늘게 다듬어 만들었다. 이렇게 만든 붓을 물에 담갔다가 잉크 덩어리에다 대고 문지른 다음, 글씨를 썼다.

'종이'는 파피루스라고 불렀다. 갈대의 부드러운 안쪽 면을 벗겨 내서 서로 엇갈리게 겹친 다음, 망치질로 표면을 부드럽게 해 햇볕에 말려서 만들었다. 지금까지 발견된 파피루스 중 가장 긴 것은 길이가 125 m나 된다.

상형 문자는 아주 복잡하기 때문에 읽고 쓰는 법을 배우려면 시간이 많이 걸렸다. 상형 문자를 아는 사람이 귀한 대접을 받은 것도 바로 이 때문이다.

학교를 다니던 이집트 어린이들은 대부분 서기가 되는 게 꿈이었다. 우선 상형 문자를 배워야 공무원이나 의사나 사제가 되는 교육을 받을 수 있었다. 대부분의 이집트 어린이들은 집에서 부모님이 하던 일을 배우는 게 고작이었다.

학교는 대개 사원이었고, 선생님은 사제였다. 서기가 되는 길은 멀고도 힘들었다. 규율도 엄격했고, 선생님도 아주 엄했다. 오늘날까지 전하는 '젊은 서기에게 내리는 충고'라는 글을 보면 그것을 알 수 있다.

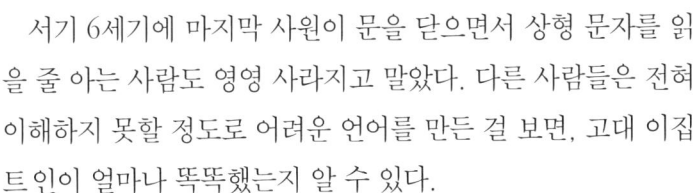

서기 6세기에 마지막 사원이 문을 닫으면서 상형 문자를 읽을 줄 아는 사람도 영영 사라지고 말았다. 다른 사람들은 전혀 이해하지 못할 정도로 어려운 언어를 만든 걸 보면, 고대 이집트인이 얼마나 똑똑했는지 알 수 있다.

1799년, 나폴레옹의 부하 장교가 로제타 석(Rosetta Stone)을 발견했다. 이 석판에는 같은 내용의 글이 상형 문자와 그리스 문자의 두 가지로 새겨져 있었다. 1822년, 프랑스의 젊은 학자 장 프랑수아 샹폴리옹(Jean François Champollion)은 그리스 문자에 대한 지식을 총동원해서 이 석판의 상형 문자를 해석하였다.

고대 이집트 문자 2

다음은 이집트 상형 문자의 몇 가지 예이다.

이 문자들을 그대로 따라 써 보자. 이집트 서기가 기록을 하나 남기려면, 시간이 얼마나 오래 걸렸을지 상상할 수 있을 것이다.

이제 다음 문장을 해석해 보자. 일부 글자의 경우 철자가 아니라, '발음'이 중요하다는 걸 명심할 것!

※ 힌트 : 일단 상형 문자들을 영어 알파벳으로 바꾸면 간단한 영어 문장이 나온다. 영어 사전을 찾을 필요도 없이 뜻을 알 수 있다.

놀라운 이집트 수학

이집트 수학에 대한 지식으로 선생님을 깜짝 놀라게 해 드리자! 대화 도중에 슬쩍 다음 내용들을 끼워 넣으면 된다.

1. 이집트인은 수학의 놀라운 면을 깨닫고, 사제들에게 수학 연구를 권장하였다.

2. 선생님이 모든 학생들에게 수학을 가르친 것은 아니었다. 수학은 오늘날의 과학처럼 몇몇 사람들만 알고 있는 비밀이었다. 그래서 선생님은 수학을 말로만 가르쳤다. 글로 적어 놓았다가는 적이 훔쳐 갈 수도 있으니까!(그런데 수학을 훔쳐 가려고 한 적은 도대체 누구일까?)

3. 이집트인은 수학으로 건축의 문제점을 해결하였다. 건축가들은 작업을 시작하기 전에 자세하게 계획을 세워서, 오늘날처럼 무덤과 사원의 수치를 미리 정확하게 계산했다(48쪽의 '피라미드 만드는 방법' 참고).

4. 이집트인은 오늘날의 우리처럼 십진법을 썼다. 다만, 이집트에는 0이 없었다(0은 훨씬 나중인 서기 2세기 무렵에 인도에서 처음으로 발명되었다).

5. 대영 박물관에 보관되어 있는 린드 파피루스에는 직사각형, 원, 삼각형을 다룬 수학 문제들이 많다.

6. 이집트인도 분수를 썼는데, 분자는 항상 1인 단위 분수를 사용했다. 그러니까 $\frac{3}{8}$ 은 $\frac{1}{8}, \frac{1}{8}, \frac{1}{8}$ 이라고 썼다.

7. 이집트인은 숫자를 어떻게 썼을까? 다음 페이지의 숫자표를 보고 다음 숫자들을 이집트 숫자로 나타내 보라.

14	18	25	30
37	43	56	71
102	175	333	450

이집트의 숫자 표

1	2	3	4	5	6	7	8	9	10
I	II	III	IIII	III II	III III	IIII III	IIII IIII	III III III	∩

11	15	22	39	100	1000	10,000
I∩	IIIII ∩	II ∩∩	IIII IIII I ∩∩∩	𝒞	↑	)

혼란스러운 길이

이집트 숫자로 덧셈을 몇 가지 해 보면, 그것이 얼마나 끔찍한 것인지 알 수 있을 것이다.

고대 이집트인은 옆 사람에게 손을 빌려 달라고 할 때가 종종 있었는데, 그것은 계산을 하다가 손이 모자라기 때문이었다! 이집트인은 주로 팔이나 손가락 등 몸의 일부를 사용해 셈을 셌다.

네 손가락을 합친 너비를 한 뼘이라고 했다. 가운뎃손가락 끝에서 팔꿈치까지의 길이는 1큐빗. 일곱 뼘은 약 1큐빗에 해당한다. 여러분이 직접 한번 재 보라. 종이에다 가운뎃손가락과 팔꿈치를 표시한 다음, 선으로 연결한다. 그리고 이 길이가 몇 뼘에 해당하는지 계산해 본다. 여러분의 몸에 있는 자는 이집트식 계산과 일치하는가?

집 안에 있는 물건들을 이런 식으로 재 보자. 개의 꼬리, 할아버지의 다리, 엄마가 일하는 부엌 등등. 화를 내는 사람이 있으면, 방긋 웃으면서 숙제라고 대답하면 된다.

협조적인 태도를 보이는 어른의 몸을 빌려 이집트식 측정

단위를 재 본 다음, 여러분의 몸에서 얻은 결과와 비교해 보라. 수치가 서로 다르다고? 그렇다면 옷 만들 천을 사러 간다면, 누굴 보내는 게 좋을까? 식구 중에서 팔이 제일 긴 사람을 보내는 게 좋을 것이다. 제일 키가 크고 비쩍 마른 큰형이 적격이겠군!

이런 어려움을 눈치챈 이집트인은 공식 큐빗이라는 걸 만들었다. 기준치를 정해서 전국에서 똑같이 사용하는 것이다. 오늘날의 미터법으로 환산하면, 그 당시의 공식 큐빗은 약 52.3 cm였다.

이보다 길이가 긴 물건을 잴 때에는 100큐빗짜리 '끈 막대'나 400큐빗짜리 '강 척도'라는 단위를 사용했다.

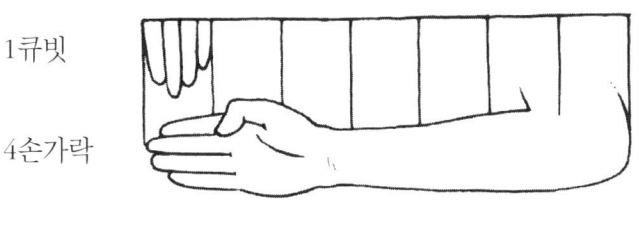

4손가락 = 1뼘   7뼘 = 1큐빗

이집트 이야기를 끝내며

이집트인의 삶은 힘들고 고달팠다. 평화로운 생활을 누린 사람들은 극소수였다. 미라의 경우에는 다음 세상에서까지도 평화롭게 살지 못했다! 그러나 이집트인은 정말 대단한 사람들이었다. 우리는 지금도 이집트인이 5000년 전에 만든 건축물의 크기에 압도당한다.

투탕카멘 왕의 무덤이 공개되었을 당시, 20세기 사람들은 큰 관심을 보였다. 1920년대와 1930년대에는 패션계에서 이집트풍이 크게 유행했다. 전세계 사람들이 투탕카멘의 멋진 보물을 보고 싶어했다.

투탕카멘과 고대 이집트인은 살아 있을 때보다 죽은 뒤에 더 유명해졌다. 고대 이집트인은 살아 있을 당시, 먼 옛날 세상의 한 귀퉁이를 다스렸을 뿐이었다.

그러나 그 뒤를 이어 그 땅을 밟은 사람들(로마인)은 훨씬 야심 만만했다. 그들은 세계 정복을 꿈꾸었다. 그리고 영국이라는 작은 섬나라에 살고 있던 사람들과 같은 미개한 민족들을 다스리려고 했다.

로마인은 이집트인보다 훨씬 더 끔찍했다. 동면쥐를 구워 먹을 정도였으니까! 게다가, 그들은 타락하였다! 그렇지만 그것은 또 다른 지겨운 역사 이야기가 될 것이다.

앗, 시리즈 (전 70권)

앗, 이렇게 재미있는 수학이!

어렵고 지루했던 수학이 순식간에 쉽고 즐거워집니다. 수학의 기초 원리에서부터 응용까지, 다양한 정보와 교양을 골라서 일목요연하게 정리해 줍니다.

01 수학이 모두 모여 수군수군
02 수학이 수리수리 마술이
03 수학이 수군수군
04 수학이 또 수군수군
05 수학이 자꾸 수군수군 1. 셈
06 수학이 자꾸 수군수군 2. 분수
07 수학이 자꾸 수군수군 3. 확률
08 수학이 자꾸 수군수군 4. 측정
09 대수와 방정맞은 방정식
10 도형이 도리도리
11 섬뜩섬뜩 삼각법
12 이상야릇 수의 세계
13 수학 공식이 꼬물꼬물
14 수학이 꿈틀꿈틀

앗, 시리즈 (전 70권)

앗, 이렇게 재미있는 과학이!

어렵고 지루했던 과학이 순식간에 쉽고 즐거워집니다.
복잡한 현대 과학의 기초 원리에서부터 응용까지
다루고 있으며, 다양한 정보와 교양을 골라서
일목요연하게 정리해 줍니다.

- 15 물리가 물렁물렁
- 16 화학이 화끈화끈
- 17 우주가 우왕좌왕
- 18 구석구석 인체 탐험
- 19 식물이 시끌시끌
- 20 벌레가 벌렁벌렁
- 21 동물이 뒹굴뒹굴
- 22 화산이 왈칵왈칵
- 23 소리가 슥삭슥삭
- 24 진화가 진짜진짜
- 25 꼬르륵 뱃속여행
- 26 두뇌가 뒤죽박죽
- 27 번들번들 빛나리
- 28 전기가 찌릿찌릿
- 29 과학자는 괴로워?
- 30 공룡이 용용 죽겠지
- 31 질병이 지끈지끈
- 32 지진이 우르쾅쾅
- 33 오싹오싹 무서운 독
- 34 에너지가 불끈불끈
- 35 태양계가 티격태격
- 36 튼튼탄탄 내 몸 관리
- 37 똑딱똑딱 시간 여행
- 38 미생물이 미끌미끌
- 39 의학이 으악으악
- 40 노발대발 야생동물
- 41 뜨끈뜨끈 지구 온난화
- 42 생각번뜩 아인슈타인
- 43 과학 천재 아이작 뉴턴
- 44 소름 돋는 과학 퀴즈

이거 상당히 놀랄 만한 이론인데!

앗, 시리즈 (전 70권)

앗, 이렇게 재미있는 사회·역사가!

어렵고 지루했던 사회·역사가 순식간에 쉽고 즐거워집니다.
사회·역사와 담을 쌓았던 친구들에게 생생한 학습 의욕을
불어넣어 줄, 꼭 필요한 정보와 교양만을 골라서 일목요연하게
정리해 줍니다.

- 45 바다가 바글바글
- 46 강물이 꾸물꾸물
- 47 폭풍이 푸하푸하
- 48 사막이 바싹바싹
- 49 높은 산이 아찔아찔
- 50 호수가 넘실넘실
- 51 오들오들 남극북극
- 52 우글우글 열대우림
- 53 올록볼록 올림픽
- 54 와글와글 월드컵
- 55 파고 파헤치는 고고학
- 56 이왕이면 이집트
- 57 그럴싸한 그리스
- 58 모든 길은 로마로
- 59 아슬아슬 아스텍
- 60 잉카가 이크이크
- 61 들썩들썩 석기 시대
- 62 어두컴컴 중세 시대
- 63 쿵쿵쾅쾅 제1차 세계 대전
- 64 쾅쾅탕탕 제2차 세계 대전
- 65 야심만만 알렉산더
- 66 위풍당당 엘리자베스 1세
- 67 위엄가득 빅토리아 여왕
- 68 비밀의 왕 투탕카멘
- 69 최강 여왕 클레오파트라
- 70 만능 천재 레오나르도 다 빈치

전 세계 2천만 독자가 함께 읽는
<앗, 시리즈>